経営学史叢書第Ⅱ期刊行の辞

経営学とは、何か。この問いに如何に向き合うかはさまざまであるが、次のように答えたい。

われわれは、組織の時代を生きている。それは、企業を含む各種の組織なくして、個々人は日々の生活ができず、社会もまた成り立たない時代である。われわれは、さまざまな組織が人間の生活や社会との繋がりにおいて多様な問題に取り組んでいることを知り、かつ目の当たりにする。そうした企業を含む組織が現実に直面する諸問題を明らかにしたうえで、組織を如何に維持し発展に導くかを研究課題とし、そしてその解明がわれわれにとって何を意味するかを探求する、これが経営学である。

経営学は、問題によっては、求める知識を他の学問領域から援用せざるを得ず、その意味で学際的であるが、それをもって経営学を借り物というのは的外れである。その知識を取り入れて課題解明を行うためには固有の思考方法が必要であり、それを示すのが経営の学である。経営学は、現実の世界を生きている各種の組織が直面するその時々の諸問題に応え、実践的な学問として一世紀以上にわたる歴史を刻んできた。経営学が解決を迫られる多様な問題を歴史的にみた場合、そこには時代を超えて共通する問題の性質を見出すことができるのであり、その諸問題の性質を「課題性」と呼ぶ。

ある特定の課題性のもとでは、その時代の社会経済的、文化的状況から問題を明らかにし、その問題を考える枠組みを構築し、課題解明の思考方法（理論）を形成する。時代の流れからその問題が新たな様相を帯びれば理論に修正を加える、あるいは新たな思考の枠組みを構築して理論展開を行う。そして時代が変わり、従来は存在しなかった課題性に対しても新たな理論を構築し解明を行う。こうして経営学は、時代の移り変わりとともに現れてくる多様な課題性に対して応え得る応用科学的な性格を有しており、その意味で、今なお形成されつつある学問であるといえる。

この度、経営学史学会は創立三〇周年を迎える記念事業として、先の二〇周年に引き続き、『経営学史叢書第Ⅱ期』（以下、『叢書』）を刊行することになった。創立二〇周年記念の『経営学史叢書』では、経営学史上優れた学説を示すことを叢書の柱とした。しかし、第Ⅱ期の『叢書』を編むにあたっては、今述べてきた現実世界から経営学が探求してきた「課題性」を編集の柱とした。

叢書編集委員会は、何よりも取り上げるべき課題性の選択に苦心をした。歴史を遡って十余りを候補として選び出し、これらに繰り返し検討を加え、最終的に一冊としてまとまりのある課題性に絞り、それに相応しい研究者に責任編集者を依頼した。その過程で、承認を得られず断念せざるを得なかった課題性、さらに取り上げるべき課題性があったことは事実であり、これは今後の検討としたい。

こうした経緯を経て『叢書』は、「学」として求められる経営学を追究する「原理性」を第一巻に置き、続いて時代の流れに沿って「生産性」、「人間性」、「合理性」、「社会性」、「戦略性」、「創造性」の全七巻から構成するものとする。各巻では、特定の課題性を解明してきた理論を、それぞれの時代の社会経済的、文化的基盤との関連において捉え、その有効性と限界を明らかにするとともに、その課題性を反映する現代の諸問題に対して、未来を創る実践的契機となり得る展望を示している。『叢書』は、経営学に関心を持ち、経営的な思考能力を身に着けたいとする初学者を想定している。それぞれの課題性を歴史的に学ぶことによって、思考能力に広がりと深みが増し、歴史を学ぶ面白さを知るきっかけになれば、幸いである。

各巻の責任編集者には、学会の叡智を結集する執筆者の選定を行い、『叢書』刊行の主旨を実現するという難しい要求をすることになった。本書が経営学史学会に相応しい『叢書』であるならば、それは偏に責任編集者の多大な貢献によるものであり、深く御礼を申し上げる。

叢書第Ⅱ期の編集委員会は、テーマ設定について多くの議論を重ね、決定した「課題性」を追究して頂く責任編集者の選定を行い、叢書刊行に至る責任を担ってきた。編集委員の先生方のご尽力に心から感謝申し上げたい。また、株式会社文眞堂の前野隆社長を始め編集部の前野眞司氏、山崎勝徳氏には企画から刊行までに亘ってお世話になった。ここに謝辞を申し上げる。

『叢書』の企画のさなか、二〇一九年から始まり世界的流行となった新型コロナ感染が一刻も早く終息することを願いつつ、冒頭に示した「経営学とは、何か」に応えるべく、この『経営学史叢書第Ⅱ期』を世に問う次第である。

令和三年一一月三〇日

叢書編集委員長　吉原　正彦

『経営学史叢書第Ⅱ期』編集委員会

編集委員長

吉原　正彦（青森中央学院大学名誉教授　経営学史学会元理事長）

編集委員（五〇音順）

磯村　和人（中央大学　経営学史学会理事）
宇田川元一（埼玉大学　経営学史学会会員）
風間　信隆（明治大学　経営学史学会元副理事長）
河辺　純（大阪商業大学　経営学史学会副理事長）
上林　憲雄（神戸大学　経営学史学会理事）
藤沼　司（青森公立大学　経営学史学会理事　編集副委員長）
山縣　正幸（近畿大学　経営学史学会理事）
渡辺　敏雄（関西学院大学　経営学史学会前副理事長　編集副委員長）

肩書は令和三年一二月三一日現在

経営学史学会創立30周年記念

経営学史叢書第Ⅱ期 ❸ 人間性

人間と経営

私たちはどこへ向かうのか

経営学史学会監修

上林憲雄［編著］

文眞堂

まえがき

本書『人間と経営』は、経営学史学会設立三〇年を記念して発刊される経営学史叢書（第Ⅱ期）全七巻の一巻として刊行されたものである。本巻は、人間に焦点を当ててこれまでの経営学を振り返り、現代を位置づけ、今後の経営学の在りようを展望する企画となっている。経営学の展開において人間がいかに捉えられてきたか、時代に応じて要請される人間の在りようは何ゆえにどのように変遷してきたかについて、その概略を初学者へ向けて解説することを企図している。

学問としての経営学の発祥以来、人間が経営といかに関わり合うかについてはさまざまにアプローチがなされ、今日に至るまで多くの議論が蓄積されてきた。最先端の高度技術を駆使した現代企業の経営実践においても、人間が果たす役割の重要性について正面から疑義を唱える経営者はまず居ない。それほど人間と経営ないし経営学の関係は緊密であるといってよい。

ただし、これまでさまざまに展開されてきた経営理論や学説において捉えられてきた人間の位相は、時代に応じて指し示す意味内容や論じられる文脈、用語の使われ方などが微妙に異なっている。例えば、経営学の生成当初にフレデリック・W・テイラー（Fredrick W. Taylor）が考案した科学的管理における人間性の概念と、一九八〇年代に「労働の人間化」や労働生活の質（Quality of Working Life：QWL）論で展開された人間の捉え方や含意は大きく異なっている。さらに時代を下ると、人間は経営にとっての資源として捉えられる傾向が強くなり、昨今では人的資源（Human Resource）という表現が一般的になりつつある。

こうした人間と経営の関係は、経営学の中でもかつては人事労務管理論、今日では人的資源管理論と称される領域において、多くの研究が蓄積されてきた。かつて人事労務管理論と称されていた時代にあっては、働く人々は「労働者」として位置づけられた。労働者は一人ひとりの個人では立場が弱いため、労働組合を組織して経営と対峙する存在であった。企業経営を分析する視点として、経営者と労働者との関係、即ち労使関係の在りようが最も重要な関係性と認識され、描かれることが多かった。

翻って昨今の人的資源管理論では、労働者という用語に代え、従業員や個人という呼称が用いられることの方が多くなった。一概に労働者といっても各個人によって置かれた状況はさまざまであり、人間は必ずしも経営者と対峙するだけの存在ではなくなった。働く人々はむしろ経営者と一丸になって顧客満足の向上に奔走すべき価値ある資源であり、人間は競争優位の源泉であるという認識が社会的にも広がっていった。

今日の企業経営では、働くことは「労働」（labor）よりも「仕事」（work）という術語によって捉えられ、経営者は働く個々人の「ワーク・ライフ・バランス」（仕事と生活の調和）を勘案したマネジメントが肝要であると喧伝されている。このように、ここ高々二〇年ほどの人間と経営との関わりを少し振り返るだけでも、視点の大きな移動に気づかされる。

こうした視点の転換の背後にはどういった時代の要請があり、各時代の経営学研究者は人間と経営の関係をいかように捉えてきたのか。そしてそれがなぜ次の時代の人間観へと移り変わらねばならなかったのか。読者各位には、このような大きな問いを頭の片隅に持ち続けながら各章を読み進めていただきたいと思う。

本巻では、この経営と人間の関わりという大きな主題を、テイラーによる科学的管理（第二章）、G・エルトン・メイヨー（G. Elton Mayo）らによる人間関係論（第三章）、チェスター・I・バーナード（Chester I. Barnard）による組織論（第四章）、ピーター・F・ドラッカー（Peter F. Drucker）の社会生態学（第五章）、行動科学（第六章）や人的資源管理論（第七章）における考え方と諸学説、そしてドイツ経営学の系譜（第八章）における各論説にとりわけ焦点を当てて解説されている。第二章から第七章までは、基本的にアメリカ経営学や管理論の流れに沿いながら、そして第八章ではアメリカとは異なる展開をみせたドイツ経営学の主要学説に焦点を当てながら、それぞれ検討が加えられている。

また、これらの各章に先立つ第一章では、本書全体の序論として、経営学以外の諸学問が人間をいかに捉えようとしているかについて紹介され、それらとの比較において経営学のもつ固有の分析視点が明らかにされている。本書の結びに当たる結章では、各章の分析を通じ明らかにされた内容の要約に加え、現代経営学において人間にまつわる諸問題をどのように捉えることができるか、これからの時代の経営と経営学を創っていくうえでわれわれはどういった点に留意する必要があるかといった論点についても併せて吟味されている。

紙幅の制約から取り上げられなかった経営理論や学説もあるが、第二章以下で取り上げている論者の理論や学説は、初学者が経営学と人間の関係を学修するにあたって正確な理解が必須となるものばかりである。読者は本書で触れられる理論や学説をひととおり学修することを通じ、経営学の誕生から今日に至るまでの大きな流れの中で、人間がいかに経営と関わり合ってきたかに関する概括的なイメージを掴むことができるであろう。

本書の執筆陣は、経営学史学会に所属するベテランから中堅、気鋭の若手研究者に至るまで多彩な顔触れとなっているが、いずれの執筆者も学問に真摯に向き合い日々活動を続ける学界第一線の研究者が揃っている。読者各位が本書の読解を通じ、経営学と人間に関する問題の幅の広さと奥行きの深さに関心を抱き、学問としての経営学を学修するおもしろさに気づいていただけるならば、責任編集者として望外の喜びである。

（上林　憲雄）

目次

第一章　人間はいかに捉えられてきたか
——諸学問の特徴と人間をみる視点——

一　経営学と人間の関わり

本書は、経営学という学問領域において、「人間」がいかに捉えられてきたかについて概説するものである。

そもそも学問とは、特定の対象に関して体系化された知識の集合体である。ばらばらの知識の単なる寄せ集めではなく、それぞれの知識の間には首尾一貫した論理が築かれていなければならない。経営学という学問が対象とするのは経営現象であるので、経営学という学問では、広く経営現象に関する固有の分析視点やアプローチが築かれているはずである。そうした経営学の枠組みの中で、人間がいかなる位置を占め、どのように論じられてきたのか。こうした点を経営学の歴史的展開過程に沿って明らかにし、現代を位置づけ、来るべき未来をも展望しようとするのが本書である。

実は、経営における人間という存在がどういったものであるかは、経営学が誕生して以来、いつの時代にあっても中心的に問われ続けてきた重要な主題である。本書の第二章以下で具体的に検討するように、経営学の生みの親であるテイラーは、科学的管理の導入で生産性を拡大し、労働者が懸命に働いて所得を増やすことができれば人間らしい生活を享受できると説いた。単純作業の反復に伴う「熟練の解体」が労働組合から強い反発を受けると、次はメイヨーらによって人間関係や仲間意識といった人間の社会性に焦点を当てた経営理論が開発された。

近代組織論の祖とされるバーナードは、個々の人間の個人人格と組織人格の関係を理論の基軸に据え、労働疎外や働きがいが社会問題化すると、今度は「労働の人間化」や仕事における自己実現の必要性が経営学の重要課題となった。二一世紀の今日、企業のグローバル競争が激化する中で、価値ある経営資源としての人間をいかに戦略的な競争優位に繋げられるかが焦眉の課題となっている。このように、人間と経営の関わり合いは、いずれの時代にあっても経営学の中核をなす重要なテーマであり続けてきた。

経営理論や学説のみではない。経営実践の場においても、例えばパナソニックの創業者であり、経営の神様とも呼ばれた松下幸之助が「事業は人なり」と説いたことはよく知られているが、これは、経営資源の中でも最も根源的で重要な要素が人間であることを端的に示した表現である。

同様に、実務家が経営資源を議論する際、必ず「ヒト・モノ・カネ」の順に語るのが慣例となっており、「モノ・カネ・ヒト」とか「カネ、ヒト、モノ」とかの順で呼ばれるようなことはまずない。ヒトがモノやカネを動かす原動力になっているという認識があるためである。こうした点にも、人間という要素が経営においていかに重要な役割を果たしてきたかが象徴的に示されている。

ただし、ひとくちに重要な要素として人間が捉えられてきたとはいえ、どういった視点のもとで、またどの程度の比重において「人間」が重要であると捉えられてきたかについては、経営学が展開されてきた各時代の背景やその時々のコンテキストに応じ、かなり様相を異にしている。

その展開の詳細は以下の諸章で詳しく述べることとして、この第一章では、経営学を含む諸学問において、「人間」という要素がいかに位置づけられ取り扱われてきたか、学問と人間の関わりについて、まずはざっと概観してみることとしよう(1)。

二　自然科学および人文社会科学と人間

自然科学と人間の関係

初学者の中には、学問には大きな系列があり、それが自然科学や人文社会科学というように分類できることを初めて知った向きも居られるかもしれない。平たくいえば、自然科学は理科系、人文社会科学は文科系である。自然科学系と人文社会科学系では、学問の対象とそれへの研究のアプローチがそもそも大きく異なっている。

自然科学とは、文字通り自然現象を対象とする学問の総称である。ここに自然現象とは、人間の意思や行為が及び得ない、自然界の法則によって支配されている世界を指す。この自然界の法則性、規則性について明らかにしようとするのが自然科学である。

ごく単純な例を挙げてみよう。ボールを握っている手を開けばボールは地面へ落下する。物理学で学修する、アイザック・ニュートン（Isaac Newton）による万有引力の法則である。物体がなぜ落ちるのか、どういったスピードで落ちるのか、他のボール以外のものでも同じように落ちるのか、などという疑問を解明するのが自然科学としての物理学の課題である。

この「握っている手を開けばボールは落下する」という現象には、人間の意思が介入する余地はまったくない。手を開けたあとボールを上方へと動かしたければ、そのボールを上へ向かって放り投げるしかない。何の力も加えずに手を離した場合には必ず地面に落下するという自然界の法則があるわけで、例えばこういった自然現象の法則性を科学的に解明しようとするのが自然科学なのである。

この自然科学には、基礎科学として数学や物理学、天文学、科学、生物学、地学などがあり、またそれらの基礎を実際に利用して役立てようとする応用科学として工学や農学、医学、薬学などの領域が存在する。

いずれにしても、自然科学は物質世界をはじめとする、自然界のもろもろの対象を取り扱う科学なのであり、人間との関わりということでいえば、人間が編み出したものではない、いわば人間の外側にある世界、自然界の仕組みを扱うのが自然科学であるといってよい。

人文社会科学と人間の関係

これに対し、人文社会科学の方は説明が相対的に難しい。自然科学との対比で定義するならば、人文社会科学とは、人間の意思・行為によって生み出されたさまざまな社会現象を記述したり、あるいはそれらを支配している社会の法則性を解明したりする学問の総称であるといえる。自然科学が人間の外側を客観的に理解しようとするのに対し、人文社会科学ではわれわれ自身、人間の内側を理解しようとするといってもよい。より具体的には、歴史や文化、政治、経済、法律、社会などを分析の対象とするのが人文社会科学である。

自然科学よりも人文社会科学の方が説明がより難しいと述べたが、その理由の一つは、社会現象を規定している法則性が、自然科学ほど明快には観察することができないためである。

例えば、高校で学修した日本史や世界史の授業を少し思い返してもらいたい。「戦争が起こるのはどういう時であるのか?」という問いに対し、論理明快で正確な回答を与えることは不可能である。その時代や社会のさまざまな状況に応じて、戦争になる場合もあれば、戦争が回避される場合もある。せいぜい「だいたいこういう状況になれば戦争が起こりやすい」ということくらいしかいうことができない。こうなれば必ず戦争が起きるという初期条件について厳密に規定することができないのである。

同様のことは法律学でもいえる。同じ法律違反であっても、時と場合によってはさまざまに状況判断がなされ、甲という罪を犯した場合には乙という判決が必ず下るという絶対的な規則が定まっているわけではない。都度、裁判官がその犯罪の周縁状況について調査をし、場合によっては情状酌量がなされることもままある。

このように、人文社会科学が対象とする人間社会の世界で完全な法則性が観察されないゆえんは、ひとえに人間社会の決まりごとを作ったのもまた人間であり、その規則性の程度が自然現象を貫徹する法則性に比べるとはるかに緩いためである。そのため、人文社会科学を学修する場合には、自然科学における「完全な世界」とは違って、一生懸命学修しても例外が多く、わかったようでいても曖昧で漠然としており、どこかしっくりこないという印象を持つことが多い。そうした印象を持つのは学修する側の理解力が不足しているからではなく、そもそも人文社会科学とはそういった性質を有した学問だからである。

人文社会科学は、より細分化して区分すれば歴史や文化、文芸などの人文学と、それ以外の法律学、政治学、社会学、経済学等の社会科学とに分割される。人文学については、人間が織りなしてきた歴史や文化について、その法則性の探求というよりも、むしろそれらがどういった内容を有するものであるかについて詳しく記述しようとする志向性を持っている。それに対し、社会科学においては、人間社会の諸現象を支配している緩い法則性について解明しようとする志向性を有しているといってもよいであろう。

表現を変えれば、自然界の完璧な法則性を科学的に解明するのが自然科学、法則性に還元できない人間個人のさまざまな活動を解明するのが人文学とするならば、その中間に位置付けられ、人々の集まりの中で織りなされる社会のルールやそこにおける人間の諸活動を解明するのが社会科学であると規定できるかもしれない。

では、社会科学とはどういった学問領域であり、その中で経営学はどのような位置を占めているのか。そもそも、社会科学が対象とする社会とは何を指すのだろうか。こうした点について節を改めて見てみることにしよう。

三　社会科学と人間——人間と人間の関係性を解く学問——

社会とは何か

そもそも社会科学の対象とする「社会」とは何であろうか。あまりにも日常的に普通に使われる言葉であるため、多くの初学者は、イメージくらいは掴めても正確に定義することは難しいかもしれない。

まず、人間ひとりの場合には、それを社会という用語で呼ぶことはまずない。つまり、社会という言葉は、少なくとも二人以上の人間の集団を想起させる語である。

社会とは、簡単にいってしまえば、人間個人のことではなく、人間と人間の間に織りなされる関係のことを指す。人間という語は「人の間」と書くことからもうかがえるように、人間は生きていくうえで他者と実にさまざまな関係を結びながら日々の生活を送っている。そうした人間相互が織りなす多種多様な関係性を研究するのが社会科学なのである。

経済学・政治学・法律学・心理学と人間

例えば、人間と人間の関係を、カネを介した関係として捉えることができる。こうした関係は、いわば貨幣を媒介にして人間関係を捉えようとしているのであって、経済学的なものの見方であるといえる。

ここで「経済」とは、物質的な側面での豊かさのことを指すと理解するとわかりやすいだろう。心理的な側面での「心の豊かさ」や満足感は、物質的な豊かさほど重要でないか、あるいは物質的豊かさを追求することが最終的には心理的な側面の豊かさにもつながるという暗黙の前提があるのが、経済学的な見方の特徴であるといってよい。そのため、経済学では通常、社会のありとあらゆる事物や行為に対し数値で示される価値（価格）を付け、その数値の高低をベースにした議論が展開されるわけである。

われわれの社会において豊かさを創出している主体はおもに企業であるから、経済学は「企業の行動」について研究する学問であるといってよいかもしれない。企業はいろいろなモノやサービスを創り出し、それらを売ったり買ったりする経済活動を展開している。もっとも、企業以外でも個々の消費者や政府といった機関ももちろん経済活動をするわけであるが、市場の経済活動のメインプレイヤーは何といっても企業である。企業を中心として、個々人や政府などが売買行為をする場である市場での金銭的な関係を分析しようとしているのが経済学である。

あるいは、人と人の関係は、地位や権力（パワー）を介して捉えることも可能で、こうした捉え方は政治学的な捉え方であるといえる。オフィシャルな地位や権力をよりどころにして、他者に対し、たとえその相手がいやだと感じて避ける意向を示していたとしても、権力を行使して半ば強制的に自己の目的を完遂しようとする──こうした捉え方は政治学に特有の分析視点である。

経済学との対比でいえば、政治学は政府の行動を研究しようとする学問であるといってよい。政府は外交や軍事といった活動も行うが、最も中核で重要な活動は行政活動、文字通り政治を行うことである。政府には、行政活動をするために官僚と呼ばれる役人がいる。この役人を支えるのが個々の市民である。市民が、選挙で役人を選んだり、世論を発信したりすることを介して役人の行動をコントロールし、政治を動かしている。こうしたメカニズムを研究するのが政治学である。

また、社会において何が良いことや正しいことであり、どうすればこの良さや正しさを基準とした社会秩序が保たれるのかという観点から人間相互の関係を捉えるならば、それは法律学的な視点であるといえる。法律には、行為主体の正当性（権利）と、当然しなければならない務め（義務）の体系であり、この権利や義務の関係を明確化することにより社会秩序が成立するはずだという暗黙の前提が法律学には存在している。

経済学が企業の行動を、政治学が政府の行動を原理的に明らかにしようとする学問であるとすれば、法律学は裁判所の行動について研究しようとする学問であるとみることができるだろう。裁判所は、人々が罪を犯した場合に、法律に基づいて判決を下す。社会生活を営む人々は、どういう行動をとれば法律に触れて罰せられることになるかを意識して行動せざるを得ない。その意味で、法律は人々の行動をコントロールし、社会の秩序を保っているのである。

さらに、自分は彼のことが好きだとか、ヤツは何となくウマが合わないといったような好悪の情を抱いた人間相互の関係性ももちろんある。こうした好き嫌いの感情や情緒といった次元で人間関係を捉えれば、それは心理学（とりわけ社会心理学）的な捉え方になるといってよい。人間は心のはたらきを通じて日常生活における具体的な行動を決めるし、自分自身ですら認識できない無意識の状況で行動する場合もあるかもしれない。いずれにせよ、心理学的な見方に立てば、文字通り、人間個々人の「心」を介した関係性によって他者との関係を研究することができるのである。

いずれにしても、社会科学における各学問領域は、人間相互の関係である「社会」の現実を支配する「緩い法則性」を解明しようとするものであり、それぞれの学問固有の関係性（貨幣的な等価交換、権力、秩序、心理など）に特に焦点を当てて接近しようとするものであると理解できるであろう。

では、われわれが学修する経営学とはどういった学問領域で、人間どうしのどのような関係を解明しようとしているのだろうか。経営学における社会の緩い法則性はどのように定式化され得るのだろうか。

四　経営学における人間の位置づけと取り扱い

「うまくいく」ための学問

経営学は、文字通り経営について学ぶ学問領域である。多くの初学者が経営と聞いて真っ先に思い浮かべるのは、企業の経営のことかもしれない。もちろん、企業は経営学の重要な研究対象である。ただ、もし経営学の対象が企業のみに限定されるのであれば、何もことさら経営学という呼称を用いる必要はなく、企業学とか企業論とでも呼べばすむはずである。実は、経営学には企業以外にも重要な研究対象が存在している。

経営という概念が企業以外にも用いられる局面を考えてみよう。大学経営とか病院経営とか、あるいは球団経営とか都市経営とか、それ以外にもさまざまな局面において経営という用語が使われていることに気づかされるであろう。

実は、経営という語は「組織」を対象として、そこでの活動がうまくいき、思い描いた通りの結果を出すことを念頭に置いた場合に用いられる概念である。企業も組織の一種である。組織とは、複数の人々が協働して統一された目的の実現を目指している場であり、企業以外にも大学等の学校や官公庁、県や市などの地方自治体、病院、そしてスポーツのチーム等もみな組織であるといえる。

こうした、さまざまに用いられる経営という概念が結果的に目指しているところは、いずれの場合においても組織を経営して「よい方向」へと導き、企図した当初の組織目的を、首尾よく実現することである。株式会社のような企業（私企業）がうまくいっている状態は、利益が出て、株主をはじめとする各種ステイクホールダーに貢献できている状態である。大学がうまくいっている状態とは、優れた研究成果を産み出してそれらの知見を学生に教授し、入学から卒業までの間に一社会人として成長させることである。病院であれば、患者のけがや病気をきっちり治癒させている状態がうまくいっている状態であろう。野球チームなどのスポーツ組織では、ひとまず試合に勝つことがうまくいっている状態のはずである。

ただし、この「うまくいく」には注意が必要である。なぜなら、どこの誰から見ても絶対的にないし客観的に「うまくいく」状況を想定するのは難しいためである。企業組織は、ひとまず黒字を出して事業が継続できることを「うまくいく」状況であると定義して差し支えないものの、本当にそれだけでよいかと問われると、必ずしもそれだけでよいとは断言し切れない。

例えば、製品がよく売れ、巨額の利益を出している会社であっても、社員の労働条件が悪くて離職者が次々と出ているような会社は、株主にとってみれば黒字で高配当がつき「うまくいっている」といえるかもしれないが、働く人たちや顧客、地域社会の人たちからしてみれば、決して「うまくいっている」会社だとは評価できない。病院にしても、病気の治療成績が良いからといって、赤字続きで事業の継続それ自体が危ぶまれるような状況であるなら、総じて「うまくいっていない」ということにならざるを得ない。

多種多様な関係性の解明

では、経営学における人間相互の関係はどのように捉えられるのだろうか。前節三でみた他の社会科学の場合と違って経営学が難しいのは、組織をこのように「よい方向」へと導き、全体として「うまくいく」ことを志向する学問だという点である。

「うまくいく」ための分析は、ある特定の関係性のみに注目していたのでは十分ではない。なぜなら、特定の貨幣的や権力関係、権利・義務の関係といった各視点のみでは、そのそれぞれの観点からみた分析は可能になったとしても、実際に「うまくいく」という結果に結びつくかどうかは別問題だからである。それぞれの観点からは潜在的に何らかの関係性が成立していたとしても、実際の結果には影響しない――したがって総じて「うまく」はいかない――ことも、経営実践においては十分に想定し得る。実際に「うまくいく」かどうかは、経営を実践する立場からの、各観点を統合した総合的な視点が必要になるのである。

例えば、企業に入社して働く場合には雇用契約を結ぶことになり、そこには法的な権利・義務の関係が発生する。上司が部下に仕事をさせる場合には、たとえ部下が気乗りしていなくても、業務命令という強制力によって仕事に従事させるのであり、そこには権力関係も存在している。従業員は給与を会社から受け取るわけであるから、労働の対価としての賃金を交換に受け取ることになり、そこには明らかに経済的な関係性が成立しているとみるべきである。組織で働くためには個人のモチベーションが重要になるし、中には一緒に仕事をするうえでソリが合わず嫌いな同僚や上司も出てくるだろう。こう考えれば心理的な関係性も総合的に「うまくいく」ためには欠かせない要素となるはずである。

さらに、経営学にとっては、人間と人間の関係である社会だけではなく、社会を取り巻く環境や自然界との関係もまた重要である。企業が工場で製品を作る場合を考えてみよう。ものづくりに携わる人たちは、いろいろな機械や技術を使いながら原材料を加工していき、徐々に最終製品の形へと仕上げていく。こうして人間が自然に働きかけ、人間にとって有用な製品を作り出すことが企業の生産活動の基本となる。昨今では、工場が排出する廃棄物までをもうまく活用できるよう循環型生産システムの仕組みも研究されており、こうした広く「人間と自然界の関わり合い」についても経営学は研究対象の射程に入れるのである。このように考えると、経営学は社会科学の一学問領域と理解されてはいるが、自然科学の知見もまったく不要というわけではない。

このように、経営学では、ある特定の人間関係にとどまることなく、多種多様な関係、自然との関係をも包摂するさまざまな諸関係を考慮に入れたうえで、総合的に「うまくいく」ことが追究される。いわば、人間の織りなすさまざまな関係性を考慮に入れつつ、目的の実現へ向けていろいろなやりくりをしながら、総合的・全般的に「うまくいく」結果を導くための方途を考察するのが経営学に固有の分析視点であるといえよう。

制約された主体的行動

このように、総合的に見て「うまくいく」結果がでることを目指すのが経営学の基本的考え方であるとすれば、そこでの人間は極めて主体的で能動的な行動をとる存在として想定することができるであろう。確かに、この点に注目する限り、人間の行動は自由であり、主体的なものと捉えても差し支えない。

しかし、人間は自由な行動をとることができるといっても、当然ながらそこにはさまざまな制約条件が課されている。一つには、自然界からの制約がある。例えば、目下、自動車業界では、地球温暖化の原因とされる排気ガスをできるだけ少なくするよう、電気自動車や水素で動く車などの開発が進められている。加えて、人工知能（Artificial Intelligence：AI）の飛躍的発達に伴い自動運転が可能になろうとしている。こうした、かつてであれば考えられなかったような夢物語が現実味を帯びたものになりつつある背後には、企業で雇用された研究開発技術者が長年にわたって技術開発を脈々と続けてきたこと、即ち人間による自然界への働きかけがあったためである。裏返していえば、人間は常に自然界から制約を課されており、それを克服するために、現代に至るまで営々と努力を続けてきた歴史があるということである。

自然からの制約に加え、社会的な制約も存在する。法や社会規範による縛りもあれば、組織的なルールや決まり事もある。ごく単純な例を挙げれば、交通ルールとして、赤信号では止まらなければならないと決められているし、各種のスポーツではそれぞれの違反事項が明確に定められている。人間は、それらを犯せば違反として何らかの罰則を受けなければならない。企業での社内規則も同様である。このように、人間は自由で主体性を持つ存在であるとしても、さまざまな社会的な制約のもと、ルールを遵守する限りにおいて、その自由が保障されるのである。

実は、人間と経営の関係をみようとする場合に重要となる視点は、この「人間が経営を動かす」という人間の主体的側面に光を当てた分析と、「周りの多様な環境が人間を動かす」という客体・対象としての人間という側面のせめぎ合いである。例えば、大学の講義でも朝早く一時限目に開講される授業は眠くてしんどいから出席しないという行動をとる受講生もいれば、しんどいけれども一時限目は九時から開始というルールだから出席しようとする真面目な受講生もいるであろう。前者は人間の自由な行動に照射した観察であり、後者は大学規則から制約を受けた人間行動に照射した分析である。大学の教学面でのマネジメントは、こうした双方の側面をともに考慮しつつ、どのようにすれば学生の履修行動を制御でき、教育効果をうまく上げることができるのか、慎重に制度設計がなされる必要がある。

以下の諸章で詳しくみるように、こうした人間の持つ主体的な能動性と環境（自然環境、社会環境）からの制約性は、経営学のそれぞれの学説が展開された時代によって異なってきたし、国や地域など、置かれているコンテキストによっても異なってくる。科学的管理における人間性、労働の人間化、企業目的と個人目的の統合、人的資源のマネジメント等々、「人間」は経営学においてさまざまなコンテキストで論じられてきたが、その文脈に応じ、「人間」の含意する意味内容や役割は異なっている。時代背景により、各種の制約が人間行動の大きな足枷にならざるを得なかった時代もあれば、制約に対し果敢に立ち向かうことが主眼に置かれた概念もある。いずれにしても、こうした「制約された主体的行動」という視点こそが経営学において人間行動を分析する基軸となっているのである。

五　本書の構成

本書の以下では、前節でみた「経営学と人間の関わり」について、経営学史の主要な学説の展開に依拠しながら検討されることとなる。テイラーの科学的管理やメイヨーらのホーソン・リサーチ（ホーソン実験）などの古典的管理論のもとで見られた人間観から、バーナードの近代組織論やドラッカーの社会生態学において展開された人間観、そして行動科学や人的資源管理論の発展の中で見られる人間観、ドイツ経営学で見られる人間観など、本書を一読することで、経営学の流れの中で、人間という存在がいかに捉えられてきたか、その大きな流れと多様な人間観を概観することができるであろう。

次の第二章「経営における科学観の確立と人間」では、テイラーによる科学的管理の確立と、そこでの人間観について議論される。経営学の出発点とされるテイラーの所説において、ときに経済人モデルとも評される人間観が何ゆえどのように編み出されたのか、テイラーシステムにおける人間性とはどのようなものであったのかについて検討される。

続く第三章「社会的存在としての人間」では、ホーソン・リサーチから導出された人間関係論における人間観について検討される。人間は働く場でも仲間を求め、まさしく社会的存在であるということを明らかにしたホーソン・リサーチの展開から、非公式集団をいかに経営の生産性向上に寄与させるかが重要な経営課題となることを示した経緯について、検討が加えられる。

第四章「協働システムと人間」では、バーナードの組織論について検討される。人間は、組織で働く従業員としての機能的側面を持つと同時に、組織内外で自律的な選択力を有する個人的側面を持つ存在としても捉えることができ、人間の持つこうした二面性を基礎に置き独自の理論を構築したバーナード理論における人間観の詳細が解説される。

第五章「人間の幸福と社会」においては、ドラッカーの社会生態学について検討が加えられる。幾多の書物を著し日本の実務家からも慕われたドラッカーは、独自の思想に基づく社会観と人間観から、資本主義社会における企業の在り方とそこでの人間の在りようを未来志向で考察している。この章では、いかにして彼のこうした独自の人間観が形成され、社会に影響を与えてきたかについて論じられる。

第六章「組織の中の個人」では、行動科学の発展に伴う経営学への影響とそこでの人間観について検討される。ひとくちに行動科学といってもその展開は多岐にわたるが、この章ではそのうちの代表的論者の所説を取り上げ、いかにして個人中心の経営学が形成されてきたか、これまでの経営学の展開とどこがどのように異なるかについて概説される。

第七章「資源としての人間」では、人間管理の新たなパラダイムとして一九八〇年代以降に台頭してきた人的資源管理論について、そこでの人間観の展開とその特徴が検討される。人的資源という呼称からして、経営にとって役に立つ存在（資源）であるのがいわば当然と考えられるようになった人間は、これまでの経営学史における人間観といかに異なり、どのような問題を孕んでいるのかについて議論される。

ところで、こうしたアメリカにおける経営学および人間観とは異なった展開が、ドイツ経営学の諸系譜においては繰り広げられてきた。第八章「ドイツ経営学と人間」では、ドイツ経営経済学における主要学説（戦前、戦後）の大まかな展開とそこでの人間観、人間の取り扱われ方について概説される。国や地域が異なれば人間観が異なり、構築される人間管理の体系も大きく異なることがこの章を学修することで理解できるだろう。

最後の結章「現代経営学と人間」では、本書で検討された人間観を要約的にまとめたうえで、今日の経営学の学術的な到達と置かれた現況を踏まえながら、経営学における人間観の問題点と今後の可能性について、とりわけ「多様性」（ダイバーシティ diversity）、「人工知能」（ＡＩ）をはじめとする技術革新、「グローバル化」（globalization）の三つの概念に着眼し検討される。個々の人間が知性を働かせながら社会の理念を描き、「制約された主体的行動」を取りながら課題を創造的に解決していくことがいかに可能になるかが、これからの経営学を考えるうえでの鍵となることが強調される。

本書の各章を通じ、読者各位には、われわれ人間がこれまで経営といかに関わり合ってきたか、現状はどう位置づけられ、今後はどこへ向かうのかを読み取っていただければ幸いである。

（上林 憲雄）

注

（1） 本章二～四は、上林（二〇一八）および上林（二〇二〇a）における記述をもとに再編集を施したものである。

第二章　経営における科学観の確立と人間
——F・W・テイラーの科学的管理——

一　ドラッカーからみた科学的管理

ドラッカーは、著書『現代の経営』の中で、テイラーの科学的管理（Scientific Management）について次のように述べている。

科学的管理は、人々が見落としてきた人間労働を初めて組織的体系的に研究し、生産性を飛躍的に高めた。科学的管理の存在がなければ、働く人間について正しく研究することは不可能だっただろうし、労働者と仕事を管理する上で、善意、奨励あるいはスピード・アップに頼ることを超えて進むことは決してできなかっただろう。科学的管理の基本的理念は、人と仕事のマネジメントにおいて、不可欠の基礎なのである。

だけども、科学的管理には二つの盲点がある。第一の盲点は、人が行う仕事の分析と仕事を行う人々の行動、即ち働くことの分析を混同していることである。仕事は客観的なものであるので、工学的分析を適用できる。しかし、いくら正確に仕事を分析しても、そのことが仕事を行う人々の行動の分析、即ち人的資源の特質の理解にはつながらない。

第二の盲点は、計画と実行の分離を基本理念としていることである。計画と実行が異なるということを発見したことは、テイラーの最も価値ある洞察である。即ち、優れた事前の計画によって仕事が生産的になることを指摘したことであり、今日のマネジメントはすべて、この考えを基礎としている。しかし、このことは計画する者と実行する者を分けるということを意味はしない。計画と実行の二つの側面を持たない仕事は、成果をあげることができないからである。

科学的管理の理念の評価については、以上のドラッカーの言葉に尽きているように思われる。即ち、科学的管理は経営における科学観を確立するという偉大な功績があるけれども、人間の労働に対する見方が不十分だということである。本章では、ドラッカーの見解を中心に、経営の科学化の創始者であるテイラーの人間観とその限界について検討する。

二　経営のシステム化と科学に基づく協働

企業の経営方法の改革が意識的に行われ始めたのは、一九世紀末頃のアメリカだった。経営改革は、直接間接を問わずビッグ・ビジネスが生みだしたものであり、大規模な工場生産の発展と密接な関係がある。ビッグ・ビジネスが生成したアメリカにおいて技術者の全国的専門職団体が誕生したのも、ちょうどこの頃である。機械生産の発展と密接な関係を持つアメリカ機械技師協会（The American Society of Mechanical Engineers：ASME）は、一八八〇年に設立された。同協会に属する機械技師たちは、工場の所有者や経営者などが多く、当然のこと技術的な問題だけでなく経営問題にも関心を向け、技術専門誌などで情報交換を含めて活発に議論を行った。これらの技師たちの経営改革の活動を象徴するのが、テイラーの科学的管理である。

科学的管理とは、おおまかにいえば経営に科学的アプローチを適用すること、即ち経営をシステム化することである。テイラーは、仕事を労働者個人に任せて経験主義がはびこっていたショップ（工場における作業現場）におけるさまざまな活動を、計画化によって秩序立てようとした。彼は、経営が人の問題、即ち、適材を得れば方法はその人に任せればうまくいくという古い考え方をやめ、注意深い思考と研究が要求される工学の根本原理のように、厳密で明確に定義された法則を持つものにしようとした。

テイラーは、一九〇三年に出版した著書*Shop Management*において、自らの考えを近代経営（modern management）という言葉で表現し、次のように近代工学（modern engineering）と対比している。近代工学は、ほぼ精密科学となり、当て推量などの方法がなくなって確固たる原理を基礎としている。経営もこれと同様になる運命にあり、現在は厳密な知識領域にないと思われている多くの要素も、近代工学と同じようにすぐに標準化されて利用されるだろう。経営の研究が進み、近代経営も明確に定義された確固たる原理に基礎を置くようになるだろう、と。

このように、経営を科学化するということは、テイラーにとっては工学的思考方法を経営に適用することを意味している。彼は、工学が製図室を中心とするのと同様に、近代経営の中心は計画部（planning department）にあると考え、計画部を中心とする経営を目指した。近代経営にとっての計画の意義については、普通の経営システムの最良のものだが成り行き的（経験主義的）だと彼が厳しく批判した方法の提唱者であるフレデリック・A・ハルシー（Frederick A. Halsey）との議論が、興味深い論点を示している。

テイラーは次のように述べている。自分のシステムの本質は、仕事をどのような速さで行うかという問題を完全に経営者が決定するということにある。しかし、タウン―ハルシー・プランでは、仕事の速度問題が経営者側の干渉なく完全に労働者によって決定されるということにある。近代経営とは経営者が労働者にやってもらいたいことを正確に理解し、労働者がそれを最善かつ最も経済的に行うようにすることだと考えるテイラーからすれば、ハルシーの考え方を受け入れられないのは当然である。なぜならば、ハルシーは作業を計画する役割が労働者の側にあることを暗に前提としているが、テイラーは、これが経営者側の役割でなければならないと考えるからである。成り行きでない計画に基づく経営、経営をシステム化し近代経営を実現するために仕事の計画を経営者側が担うようにすること、即ち経営権を確立することが、テイラーにとっては不可欠だった。

テイラーは、経営のシステム化を目指し、計画に基づく経営によって生産性を高めようとした。彼は、生産性を高めるためには、労働者には高賃金、使用者には低労務費を実現して労使双方が満足し、そしてその結果として労使協調を確保することが不可欠だと考えた。労使協調がなければ優れた経営実践は不可能である、というのがテイラーの考えだった。では、対立をなくして労使が協力するためには何が必要なのか、現状では何が欠けていると彼は考えたのか。テイラーによれば、労使双方が納得できる事実がないということ、即ち仕事を行う速度が科学的に研究されずに成り行き任せであることに、労使対立の原因があった。労働者が使用者に協力しようとしないのは、使用者の意識が古く、仕事の計画が欠陥だらけだからであった。労使がともに科学的に思考し、科学的研究に基づく経営のシステム化が実現されれば、人々はこれを公正なものと認め、その結果として労使の協力が可能となる、と彼は考えた。

テイラーにとって、科学的思考に基づくという労使双方の重大な精神革命は、経営の絶対的条件なのである。作業時間の研究や計画化を科学的に行うことは、労使双方にとっての、とりわけ経営側にとっての義務である。人々は科学的原理を探求し、これに基づいて仕事を行わなければならない。そうすれば、仕事は能率化し、労働者も自らの努力に応じた賃金の増加や地位という望みを実現でき、その結果、労使の協力が可能となるのである。テイラーは次のように述べている。

人が一日にどれだけの仕事をすべきか、それに対する適切な支払はいくらか、一日に最高何時間働くべきかということは、重要な問題として労使の間で議論されなければならない。そして自分は、これらの問題を決定するのは労働者の代表としての労働組合や経営側ではなく、時間研究の専門家が決定する方がはるかに良いと考えている。そして将来、労使双方が公正なものとして受け入れられる基準が、科学的な時間研究によってつくられると信じている、と。

経営の科学は人間協働の科学でもある。テイラーは、人々を命令によって駆り立て、経済的刺激の典型としての高い賃金を与えれば労働者が能率的に働く、と考えていたのではない。彼は、事実の発見としての科学に依拠することによって、人間協働を有効なものにしようとしたのである。テイラーにとって、科学即ち体系化された知識は、労使双方において公正なものとして受け入れられる基準であり、人間行動の絶対的基準である。だから、経営者であれ労働者であれ、科学的基準に従って能率的に仕事をしなければならないのであった。仕事を能率的に行うことは、経営者の義務であるとともに労働者の義務である、テイラーはこのように考えた。

彼は、経験主義的で無計画に労働者をただ駆り立てるという古い経営思想を根本的に否定し、協働確保の科学的基礎を築こうとした。科学的な方法によって、労使双方に公正なものとして受け入れられる基準をつくろうとした。経験を科学に替え、それによって人間協働を有効なものにしようと試みたのである。テイラーは、労使双方がともに科学的思考方法をとることによって、労使の協力が実現すると考えたのである。

だが同時に、次の点を忘れてはならない。テイラーが科学的管理をつくりあげた時代には、科学が倫理をも決定するという考えが普及していた、と技術史家のエドウィン・T・レイトン（Edwin T. Layton, Jr.）が指摘しているように、テイラーも科学を過信していた。テイラーは、自分の発見した科学的法則が仕事に関してすべてを決定すると確信していた。いかにして速く仕事を行うことが「できる」のかということだけでなく、いかにしてすばやくそれを「すべき」なのかということまでも、時間研究によって決定できる、このようにテイラーは考えた。このような考えは、科学の過信というべきであろう。

人間協働が科学的基準に基づいて実現されねばならないのはまちがいない。けれども、テイラーは人々が働く（人間協働の）場としての組織としてよりもむしろ、仕事をするための組織と考えている。それゆえ、彼にとっての科学的基準とは、人々の協働を効果的にするということよりも、仕事を能率化するための近代工学的基準を意味した。彼は、働く人々を組織で割り当てられた職務の担い手（作業者）としてみるにとどまった。それゆえ、人々は、設定された科学的基準に従って、何よりも組織の作業能率を高めるために努力しなければならない存在だった。

テイラーは、職務を担う労働者が、たとえ経営者の指揮下に置かれたとしても生身の人間である、という事実を軽視している。実際に仕事を行う人々は、さまざまな性格、欲求、意欲をもって働いている。それゆえ、科学的に設定された基準に従って常に仕事が実行されるわけではない。ドラッカーが的確に批判しているように、テイラーは、人が行う「仕事の分析」と仕事を行う人々の行動、即ち「働くことの分析」を混同しているのである。

三　計画と実行の分離――科学的管理と労働強化――

計画と実行の分離を基本理念としていることが科学的管理の第二の盲点だと指摘するドラッカーは、この考えが、科学的管理の重要な貢献を台なしにしているという。つまり、実行から計画を分離するという考えは、ドラッカーによれば、知識を独占するによって計画という役割を担う者に支配権があるとするエリート思想なのである。

経営のシステム化を目指す科学的管理にとって、計画するという役割を経営者側が確保することは、絶対的な条件である。そのことは、科学的管理の四原理のうちの第四原理に、はっきりと示されている。テイラーは、科学的管理のもとでは経営者が過去には考えられなかったような四つの新たな負担、義務、責任を負わねばならないと述べ、これらを科学的管理の「原理」と呼んでいる。第一は経験則に替えて科学を発展させること、第二は労働者の科学的選択と絶えざる能力開発、第三は科学に従って労働者に作業をさせることである。そして、第四は、以前にはすべて労働者が担っていた仕事のうち、科学の発見という役割を経営側が分担するということである。

この最後の原理、労使の間での仕事と責任の分担は、テイラーの考える科学の発展にとって不可欠の前提をなしている。この原理は、これまではほとんどすべての仕事と責任の重大な部分が労働者任せであったものを、経営側が自らに相応しい仕事の役割を引き受けるということを意味する。テイラーは次のように述べている。科学の発展のためには個人的判断に頼るのではなく、記録や索引作りなどを系統的に行わなければならない。そして、このようにして発見された法則に基づいて、あらゆることが計画される必要がある。だが、これらの役割を作業現場で働いている労働者が行うのは、物理的にも無理がある。

要するに、テイラーによれば、それまでの経営のもとではすべての仕事が事実上「労働者任せ」だが、科学的管理のもとでは問題の半分は完全に「経営側の義務」である。そうでなければ、科学を発展させ経営をシステム化することができないからである。

労使の責任の分担という科学的管理の第四原理は、科学を生みだし経営をシステム化するための前提であり、科学的管理をそれ以前の経営のやり方と区別する決定的要素である。それゆえ、テイラーは、第一から第三までの原理について、それまでの経営のもとでも不十分ながら存在しているが、そこでは重要な意義を持つものではないけれど、科学的管理のもとでは、これらはシステム全体の本質をなす、と述べている。科学的管理以前の経営のやり方には計画が経営側の役割であるという第四原理の考えが存在しないので、他の三つの原理が十分に機能できないのである。要するに、テイラーは、近代経営の根幹は仕事の計画化にあり、この役割を経営側の義務と考えているのである。

さてテイラーは、この仕事の計画化という法則発見における労働者の関わりについて、どのように考えていたのだろうか。彼の基本的な考えは、仕事をするうえでは意見が意味を持たないということである。つまり、労働者の意見も経営側の意見も意味を持たず、法則が両者を支配するという。これらの法則を発展させたのは経営者ではないのか、これに労働者は参加していない、というかもしれないが、労働者は、法則を発展させるためのすべての作業、機械を操作するという作業を行っているので、彼らは法則発展の半分の仕事をしている。そして、訓練を受けて労働者から成長した人や訓練を受けた観察者が、法則の研究をし、記録し、役立てるのだと。

要するに、法則は、経営者側が一方的に研究して労働者に強制したのではなく、計画部が労働者の協力を得て客観的に研究し発見したもの、労使の合意によって生まれたものであるから、この法則のうえでは両者の利害が一致している、このようにテイラーは考える。

しかし、一九一六年に開かれた「アメリカ合衆国下院労使関係委員会」の公聴会で進行役を務めたウィリアム・O・トンプソン（William O. Thompson）は、仕事の研究や法則の適用において、労働者にはシステムの選択や調査研究する者の人選に関して発言権がないのではないのか、とテイラーに厳しく問いただした。これに対してテイラーは、労働者に相談しないということはまったく考えられないと反論するが、トンプソンは、労働者に発言権がないこと、調査者の選択権が労働者にないことを確認するための厳しい批判を行い、議論は平行線をたどった。

この公聴会より前、一九一二年に行われたテイラー・システムを含むマネジメント・システムを調査する「アメリカ合衆国下院特別委員会」の調査報告書においても、厳しい批判が示されている。報告書では、諸条件や方法を変化させる際には労働者との協議や労働者の同意が必要であること、能率を高めるうえで人の犠牲を伴わないこと、適正な日々の労働の決定には労働者の精神的側面の考慮が重要であることなど、経営者は労働者の協力を得るようにあらゆる努力をする必要があることが指摘されている。このように、特別委員会は、人的要素を考慮することの重要性を指摘している。しかしその調査において、科学的管理が人的要素を軽視し労働者を機械のように扱い酷使している、と結論づけることはしていない。このことは重要な事実として、留意しておくべきだろう。

立法化による科学的管理の導入制限、禁止は勧告されなかったとはいえ、新たな経営システムの導入に対して強い懸念を示していた特別委員会の報告内容を重視した *The Iron Age* 誌は、報告書の全文を掲載している（一九一二年三月二一日号）。そして、この報告書が「人的要素（human factor）」の重要性を示したものであるとして、当時の著名な企業指導者五名からこの報告に対して寄せられた意見を「科学的管理における人的要素」と題して、同誌の四月一一日号に掲載した。ここでの発言をみると、五名の企業指導者たちは、人的要素を考慮することの大切さや労働者の協力を得ることの重要性を指摘している。と同時に、彼らは、テイラーや彼の後継者たちが人的要素を軽視しているとはみなしておらず、科学的管理が労働強化を図るものだとは考えていない。

だが、人的要素を考慮するということの意味については、さらに検討を要する。

四　経営の能率と労働者の同意

労働組合からは激しい非難がなされる一方、すでに述べたアメリカ合衆国下院特別委員会の公聴会やその他の調査研究などにおいては、科学的管理が非人間的で労働強化を目的とするものだとの見方が主流となっていたわけではない。だが、仕事の担い手としてのみ労働者を捉える人間観、計画と執行の分離という科学的管理の考え方には欠陥もある。この点について、もう少しくわしく検討しておこう。

まず、科学的管理に関する古典的でアカデミックな研究を紹介する。一つは一九一五年のホレス・B・ドルーリー（Horace B. Drury）の研究、もう一つは一九一七年のクラレンス・B・トンプソン（Clarence B. Thompson）の研究である。

ドルーリーは、経営側の強制という重圧ではなく、労働者が能率的に仕事を行うことを可能にする科学的管理の科学的方法の進歩性に、大きな期待を寄せている。しかし他方で、科学的管理が労使の利害を完全に調和させることができるとの考えには、彼は強い疑いを持つ。それゆえ、労使の力関係の違いが存在するもとで、労使の利害の調和を図りつつ科学的管理の利益を実現するためには、団体交渉や労働組合が欠かせない、と考える。このようなドルーリーの考えは、一九一六年に発表した「産業能率の要素としての民主主義」という彼の論文の中で、民主主義が能率を促進するとして次のようにはっきりと示されている。

多くの人々は、規律、中央集権、専門家による統制を進めれば能率が達成されると考えている。最も有能な人が権限を持ち、これらの人々があらゆる活動の最善の方法を考案し、他の人々はこれに従うということが能率的である、と。しかし、現在のように複雑な産業システムのもとでは、少数の人々が支配することは困難であって、たくさんの人々の知恵をできるかぎり集めることによってこそ進歩がもたらされる。上からの調整は必要ではあるけれど、きびしい統制は適切ではない。進歩はトップ・ダウンでなくボトム・アップによって生まれるのである。科学的管理と秩序がアメリカ精神の新たな基調をなすのはまちがいないけれども、これを推し進めるうえで、自由という基本原理を忘れてはならない。

このようにドルーリーは、社会の進歩にとって科学的管理と産業民主主義との調和を図ることが不可欠だ、と主張しているのである。

次に、トンプソンの民主主義観はドルーリーのものとは大きく異なっている。トンプソンは、産業民主主義が実現されるかどうかは経営の実証性にかかっているという。彼のいう実証性とは、事実によって産業が運営される程度のことであり、経営の統制が使用者や労働者の意見に左右されないことを意味している。それゆえ、彼は、経営の実証性を追求する科学的管理を高く評価する。しかし同時に、科学的管理が発展していくうえでは労働者の同意を得ることが大切だとの考えを示している。彼は、科学的管理が持つ二つの側面を区別しなければならないという。つまり、科学的管理には自然の法則のような側面と同時に、人々の行為のような非法則的側面があるということである。科学的法則は多数決や交渉によって確定されるのではないけれど、科学的管理における人々の行為の原理は、関わる人々の同意を得ることが不可欠である、と。

以上でみたように、ドルーリーとトンプソンともに、科学的管理とテイラーの経営思想を非人間的なものであるとは決してみなしていない。しかし同時にまた、産業民主主義の実現という問題が、科学的管理とりわけテイラーの経営思想における最も重要な課題である、との認識をはっきりと示している。

五　科学的管理の未来

テイラーの後継者たちが集うテイラー協会の年次会合（一九一六年一二月九日）において、「統制と同意」というタイトルの下、「産業における指図、創意、および個人主義」についての議論が行われた。製造業者のロバート・B・ウォルフ（Robert B. Wolf）が講演し、引き続き議論が行われた。

彼は、科学的事実といわれるものが一定の領域を越えて適用される危険性を、次のように指摘する。経営者が扱う領域は、自然法則が支配する領域だけではなく、人の意志を扱う領域や人々の協働に関わる領域からなるので、労働者の自由意志を考慮することが重要である。たとえ経営者が作業遂行の最良の方法だと考えたとしても、労働者が作業をそのやり方で行うことを望まなければ、それは最良の方法ではないのである。あらゆる労働者に対して、自らの個性を伸ばし、指示にただ反応するのではなく自発的に働く機会を与えることが必要である。この前提に立てば、真の意味での科学的な管理にとって、労働者により多くの責任を意識的に与えること、そして製造の細部にわたるすべてを中央計画部門からの命令によって統制するのをやめることが必要だということは明らかである。ウォルフはこのように述べている。

彼の主張の要点は、人々が創造的な仕事をする機会を否定する組織は科学的とみなすことはできず、産業組織で働く人々が自らの仕事について意見を述べることのできるような組織にしなければならないということである。

この会合では、ドルーリーも「科学的管理と進歩」という報告を行った。重要な報告内容だと思われるので、くわしくみておきたい。

彼は次のように述べた。労働組合が批判するような労働者の酷使や熟練の衰退については根拠薄弱だけれども、科学的管理が労働者の真の価値を評価せず、彼らの人間性を軽視しているという点は問題である。しかし他方で、科学的管理が形成された諸条件を思い起こすならば、テイラーが労働者の創意を認めなくても責めることはできない。当時の労働者は自ら統治できる能力を持っておらず、経営者のきびしい統制や計画と実行の分離、指示への服従を良しとする時代状況にあった。テイラーも、労働者の忠誠心を得るためのより進んだ方法を考案することができなかったのである。

しかし、将来は、知的で創意ある従業員を扱うことのできる民主主義的な方法や責任の拡大、つまり抑制と命令でなく、個人の自己表現によって能率を確保するという考えに変わらなければならない。そしてまた、科学に基づいて労使関係の調和を実現するというテイラーの信念は、時代を超えて妥当性を持つものだが、彼の考案した科学は完全なものではなく、社会制度の進歩にふさわしい人間的側面を考慮した科学的なやり方がつくりだされなければならない。

ドルーリーによれば、テイラーやその後継者たちは、労働者を酷使するという意図を持っていたわけではないが、時代的制約ならびにテイラーの科学観の制約のために、労働者の能力軽視による経営の非民主的できびしい統制を良しとする考え方を持っていた。テイラーのこのような人間観、このような考えが科学的管理の将来的な発展を制約している、というのがドルーリーの主張なのである。

ここで批判されているのは、科学的管理の民主主義観である。テイラー協会での議論であったからか、ドルーリーの主張には批判も多かったが、重要な指摘である。彼は、科学的管理がさらに発展するためには、労働者の創意を引き出すということについてのテイラーたちの現在の考え方に限界があり、変化が必要だと主張した。「抑制システムが最も有効であった時代は過ぎ去った」、との彼の主張に、そのことがはっきりと示されている。

科学的管理の民主主義観の欠陥を認識していたのは、ドルーリーだけではなかった。テイラーが亡くなった年（一九一五年）の秋、テイラー協会主催の追悼会がフィラデルフィアのペンシルヴェニア大学で開かれた。挨拶に立った人々の中には、著名な弁護士のルイス・D・ブランダイス（Louis D. Brandeis）もいた。

ブランダイスは、次のように述べた。労働指導者が科学的管理の導入に敵意を示す理由の大部分は、誤解によるものだろう。しかし、教育を通じてこの誤解を解こうとしたとしても、解決できない領域がある。民主主義社会においては、課された条件の変化によって影響を受ける人々は、相談を受けるべきなのである。労働者は、科学的管理が明らかにしている産業上の真理を確信するだけでなく、これらの真理が人間的真理とでもいうべきものと矛盾しないことを確信しなければならない。そのためには、科学的管理の導入と実施のあらゆる段階で、労働者の代表の同意と協力を得なければならないのである。

ブランダイスは格調の高い追悼の辞において、労働者に心身の健全さを保障し産業上の自由や仕事に喜びを与えるというようなテイラーがやり残した課題を解決することこそ、彼に最高の敬意を払うことになるとともに人類への最高の奉仕となるであろう、とテイラーの後継者たちや協力者たちに対して期待を込めて述べた。真の意味での労働問題の解決なくして科学的管理のさらなる発展はあり得ない、ブランダイスはこのように主張したのである。

テイラー協会内で、その後も民主主義をめぐる議論は着実な進展をみる。一九一七年三月に開かれた同協会のボストン会合において、会長のハーロウ・S・パーソン（Harlow S. Person）は、「経営者、労働者、そして社会科学者」と題する講演を行い、およそ次のように述べている。どれか一つの視点からだけでは科学的管理の問題を理解することができず、それぞれの見方には長所と短所がある。テイラーを支持する人々は、科学的管理のあらゆる側面についての幅広い議論、即ち労働者の観点および社会科学者の観点からの議論を受け入れるべきである、と。

この講演についての議論に参加したタフツ大学教授のヘンリー・C・メトカーフ（Henry C. Metcalf）も、会長パーソンの主張を協会への重要な貢献であると高く評価して、次のように述べている。社会の価値観は物から人へと移行しており、あらゆるビジネスを人間の観点から考えざるを得ない。産業の福利厚生的観点を受け入れ、ビジネスの物的側面を扱う厳密な科学的プロセスと同じような方法では人的要素を扱うことができない、と考える経営者が急速に増えている、と。

以上に示したように、科学的管理の未来は真の民主主義を実現できるかどうかにかかっているということが、テイラーの死後、広く認識されるようになってきた。「過去においては、人が第一であった。将来は、システムが第一となるにちがいない」というよく知られたテイラーの信念は、近代経営の基本理念である。そしてまた、経営から人（労働者）を排除することを意味するのではないことは明らかである。しかし同時に、個々の人任せに替わる近代的で合理的な経営システムをつくりあげるうえで、その中に労働者の創意、自由意志を組み入れることが十分にできていなかったこともまた、明らかである。その理由をテイラー個人の人間性に求めるのには無理がある。テイラーは、一九世紀末頃から二〇世紀初め頃に活躍した機械技師である。テイラーの思想的基盤は当時の技師の専門家としての職業意識にあり、そのような時代背景を十分に理解したうえで、テイラーの経営思想、科学的管理を理解しなければならない。

科学的管理が非人間的であるという表面的解釈にとどまることなく、経営即ち人間協働の科学の出発点にテイラーが位置することを再確認し、経営思想への技師の貢献を正当に評価したうえで、その時代的制約を正しく認識することが重要なのである。

（廣瀬　幹好）

第三章　社会的存在としての人間
――ホーソン・リサーチと人間関係論――

本章ではホーソン・リサーチをとりあげる。ホーソン・リサーチは一九二〇年代にアメリカのアメリカ電話電信会社（ATT）の傘下であるウェスタン・エレクトリック社のホーソン工場で行われた一連の実験・調査である。そこでは順に①照明実験（Illumination experiments）、②継電器組立作業テスト室（Relay Assembly Test Room）、③第二継電器作業集団（Second Assembly Test Group）、④雲母剥ぎ作業テスト室（Mica Splitting Test Room）、⑤面接計画（Interviewing Program）、⑥バンク配線作業観察室（Bank Wiring Observation Room）が行われており、ホーソン・リサーチの理論上実践上の意義からすると、人間関係論的効果を発見したとされる継電器組立作業テスト室、人間観関係理論が形成されたとされる面接計画、インフォーマル集団の発見・解明がなされたとされるバンク配線作業観察室の三つが代表的なものとされている。

しかし、これら三つのものはそれぞれ実験意図や概念枠組が異なっており、ホーソン・リサーチには三つの考え方があったと考えてよい。つまり、人間関係論的効果の発見はウェスタン・エレクトリック社の研究者を中心にて行われたものであったし、人間関係理論の形成はメイヨーを中心にその社会学理論を中心に、その確立という観点でなされたものであり、インフォーマル集団の発見・解明はウイリアム・L・ウォーナー（William L. Warner）の社会人類学理論を根本においてインフォーマル集団を解明するという視点に立つものであった。

そこで本章では、ホーソン・リサーチそのものの流れ、およびその後の議論を概述し、説明する。

一　人間関係論的効果の発見・提示

照明実験

ホーソン・リサーチは、照明実験（一九二四年一一月二四日～一九二七年四月三〇日）から始まる。その当時の電機業界等では、照明度を上げれば能率が上がるという説が唱えられており、それを実証するために行われたもので、全米科学アカデミー（National Academy of Science）の全米学術調査協議会（National Research Council：以下ＮＲＣ）に設置された「産業における照明の質・量の能率に及ぼす関係についての委員会（Committee on the Relation of Quality and Quantity of Illumination to Efficiency in the Industries）に、その当時のホーソン工場の総工場長であったクラレンス・G・ストール（Clarence G. Stoll）が協力の申し出を行い、ホーソン工場で実験が行われることとなった（Roethlisberger and Dickson 1939, pp. 14-17, Gillespie 1991, pp. 38-39）。

実験では、まず初めにコイル捲き部門での一つの基準グループを編成し、一定の照明度のもとで作業をさせて作業量の変化をみる。それと同時に、検査部門・継電器部門・コイル捲き部門の三つの実験グループを編成し、この実験グループでは漸次照明を明るく変化させてその作業量の変化をみることにより、基準グループと実験グループの作業量を比較することで照明度の変化の効果をみるというものであった。

実験を行ってみると、実験当初から予想されていたことであったが、実験グループでは、照明度を上げれば上げるほど作業量は増加するという傾向がみられた。しかし、照明度を変化させず一定の照明のもとで作業していた基準グループでも、作業量の増加がみられる場合があった。つまり、ここでは照明の変化と作業量とに相関関係があるという説は実証されなかった。それよりも、この結果からは、そもそも照明の作用のみを純粋に取り出して実験するということが極めて困難であり、能率には照明以外の要素も影響するということが明らかとなった。

またこの実験では、実験当初から、作業員たちの心理状態、即ち自身が実験に参加しているという感情が実験結果に影響を与えるであろうことが予測されていたが、このことが実証されるものともなった。それゆえこれ以降では、照明以外の諸要因にできるだけ配慮することが必要とされた。

次の実験では、最初の実験で得られた知見を活かし、監督の方法を変化させた。その当時のホーソン工場では、決められた手順や規則を遵守するスタイルが用いられていたが、ここでは作業員の協力を確保するための親しみやすいスタイルが用いられることとなった。実験グループと基準グループの二つのグループが作られ、その二つのグループ間の影響を排除するよう、別々の場所に設定されている。それぞれのグループには、ほぼ同じ程度の経験度があり、実験直前の時期にはほぼ同じ程度の平均作業量であったものが作業員に選ばれた。

基準グループでは、照明度をできる限り一定に保ち通常の監督方法で、実験グループでは照明度を変化させることに加え、監督方法も通常の作業場とは異なるものとし、二つのグループの作業量変化を比較するというものであった。しかし、両グループともに作業量が増加することという結果となり、そこに有意な差はみられず、照明度の変化が作業量に影響を与えるということは実証されなかった。加えて、両グループとも作業量の増加がみられたことから、作業量に及ぼす影響よりは、照明よりも、実験に参加しているという心理状態などの影響が強いものであることが考えられた。

また、この二つの実験においては、自然光と人工照明が併用されており、完全に照明度がコントロールされていたとはいえないため、照明度の作業量に及ぼす効果を測る実験としては不完全ではないかとも考えられた。そこで第三実験では、その点にも配慮して自然光が一切入らない特別な作業室を用意し、人工照明のみが用いられた。基準グループは照明を一定に保ち、実験グループでは照明を徐々に低下していき、その際の作業量変化が比較された。結果としては、照明度を暗くしていった実験グループでも、作業量は特に低水準のものとはならなかった。

また、一九二七年二月には、ホマー・ハイバーガー（Homer Hibarger）らによっても照明に関する二つ実験が行われているが、ここでも照明度は作業量に影響を与えないと考えられた。

以上のように、ＮＲＣが実証しようとした、照明を上げれば能率が上がるという説は実証できず照明実験は終了し、ＮＲＣは最終報告書をまとめることもなかった（Roethlisberger and Dickson 1939, p. 15）。ここから、能率を規定するものは何かが改めて問われることとなり、ウェスタン・エレクトリック社関係者は能率は単一の要因ではなく、さまざまな要因に影響されるという考えを強くし、その主要因としての疲労との関係の解明を意図して、継電器組立作業テスト室の実験を始めることになった。

継電器組立作業テスト室

継電器組立作業テスト室（一九二七年四月二五日～一九三三年二月八日）は、ホーソン工場技術部門長ジョージ・Ａ・ペンノック（George A. Pennock）を中心に実施された。ペンノックらは当初、疲労と能率の関係を解明したいと考えており、休憩・終業時間などの作業条件を変化させた際に、作業状態がどのように変化するのかを知ることを目的とした実験を行うことになった。そのため、実験は比較的短期間ごとに作業条件を変化させることとなり、作業条件の異なる条件の二四の期間に分けて実施された。

このテスト室は、第二期から一般の継電器作業部屋とは異なる場所に設けられ、第三期以降は、実験メンバーだけを一単位とする集団出来高給制に変更されることになった。このように、テスト室内での独自の社会状況が醸成されていったのである。

実験期間においてポイントとなるのは、一二期（一九二八年九月三日〜同年一一月二四日）といわれている。この期において、実験メンバーの労働条件は、休憩時間も軽食もないが、メンバー五名だけの集団出来高給制という第三期の条件に戻された。つまり、実験開始以来約一年五カ月、労働時間の短縮が始まった四期以降、約一年一カ月経過した後に、実験当初の四八時間体制に戻ったのである。この期においてメンバー全体の作業量の平均は、同じ労働条件の三期とくらべるとその作業量は大幅に増加していた。このことにより、人間は組織の中でも人間的社会的存在として扱われると、仕事にやりがいを感じ、それがたとえ作業条件が悪い場合であったとしても、作業遂行に努めるという人間関係論的効果を実証したものとして讃えられたのである（Carey 1967, p. 404）。

フリッツ・J・レスリスバーガー（Fritz J. Roethlisberger）は、人間関係論的考え方を示した一九四一年の *Management and Morale* でこの点を強調し、一二期以降では実験担当者たちはこれまでの考え方を根本的に変え、従業員の態度と感情が決定的に重要なことを知ったのである（Roethlisberger 1941, p. 15）。

メイヨーは、もともと生理的状態と心理的状態とには相互関係があると考え、その理論を確立しようとしていた。一九二八年四月二四〜二六日にホーソン工場を初めて訪れ、この時からホーソン・リサーチに本格的に関与した（Franke 1979, p. 862）。その意味ではメイヨーは、自らの理論的な関心に基づいて参画当初から作業場における人間的状況の研究（understanding of human situations）に関心を持っていたのである。

しかし、メイヨーはこの継電器組立作業テスト室に関与したのは一九三〇年後半からと考えられる。この実験は、メイヨーの参画以前に、ウェスタン・エレクトリック社関係者だけで計画され実施されてきたものであり、その関心は、テスト室の運営がうまくいくことを目的として、作業量増加という結果が示されることに向けられていた。

ウェスタン・エレクトリック社関係者は疲労と能率の関係が作業量増加で測られるものとしていたが、メイヨーは、かれの考える社会学理論が作業量増加で実証されるものと考えていた。作業量増加がどちらも実験成功の具体的指標であったが、その解釈には違いがあったのである。

第二継電器作業集団と雲母剥ぎ作業テスト室

この実験は、継電器組立作業テスト室の補足的な実験として、賃金と作業量増加の関係をみるために、ともに一九二八年八月二七日に始まったものである。

第二継電器作業集団（一九二八年八月二七日～一九二九年三月一六日）は、作業条件は通常通りで、賃金制度のみを実験メンバー五名のみの集団出来高給制にしたもので、基準期間である通常の賃金体系の後に、実験期間として集団出来高給制を導入し、最後に通常の条件に戻す復帰期間の順で行われた。実験結果は、実験期間の際に、作業量は一二・六％増加したが、復帰期間になると一六・八％下落し、基準期間以下の作業量となった。

しかし、実験期間における作業量は、その期間中継続して増加し続けたわけではなかったので、賃金は一定額以上になると刺激機能はなくなると考えられた。また、復帰期間の作業量が、基準期間以下の量になったことに関しては、継電器組立作業テスト室のメンバーたちにたいする競争意識のためそもそも基準期間の作業量が増加していたと考えられた。そしてレスリスバーガーとウイリアム・J・ディクソン（William John Dickson）は、賃金には作業量増加の刺激機能はいわれるほどにはないと総括している（Roethlisberger and Dickson *op. cit.*, pp. 158, 576-577）。

雲母剥ぎ作業テスト室（一九二八年八月二七日～一九三〇年九月一三日）は、賃金制度は通常通りで、作業条件を変化（超過勤務や休憩時間などの導入）させて、その効果を調査しようとしたものである。具体的には、通常通りの作業の基準期間の後に、実験ルームに場所だけを移して通常通りの作業条件での調査を行い、その後に休憩時間と超過勤務を変化させている。

実験期間における作業量は、休憩時間あり・超過勤務なしの時（実験開始約一〇カ月後）に最高記録に達している。レスリスバーガー／ディクソンは、開始から約一四カ月後の一九二九年末をもって実質的には終了したとし、この間に作業量は平均約一五％上昇したものと総括している。また、この実験において、作業量増加の根拠は各人別の出来高給制にあるということも認めている（*Ibid.*, p. 159）。雲母剥ぎ作業テスト室は、個人別出来高給制で、個人の努力が賃金に直接反映するものとなっていたため、実験メンバーの言動等も個人的発想の域（story of individuals）を出なかったとしており、実験メンバーどうしの集団的連帯性が生まれなかったとしている（*Ibid.*, p. 156）。最後にそれは否定されるが、この実験では賃金制度を変化させなかったことから、作業量増加は賃金以外の要因によるものと結論づけている。

このうえに立って、継電器組立作業テスト室も作業量増加に対する賃金制度変更の影響が見直され、レスリスバーガー／ディクソンは、作業量はさまざまな要因により決まるものであるから、ここでは賃金のみを唯一の変動要因とすることは絶対に認められないと、改めて主張している（*Ibid*., p. 160）。

二　人間関係論の形成とインフォーマル集団の発見

面接計画

ホーソン・リサーチでは、人間関係理論の形成、またホーソン・リサーチを契機とする従業員管理上の方策としては、面接計画（一九二八年九月〜一九三一年）が大きな意義を持つ。

この面接計画では、一九三〇年末大恐慌の影響で一般従業員対象の面接計画が中止された後、翌一九三一年から監督者対象の面接計画が行われている。また、この面接計画は、ホーソン・リサーチ以後、従業員管理の有力な方策の一つとして展開されるカウンセリング活動（personnel counseling）として引き継がれていくことになるものである。

この一般従業員面接計画のきっかけになったのは、一九二七年四月二五日から始められた継電器組立作業テスト室で、その際の作業量増加の原因がなにによるのか、ということにある。そこでは①賃金制度の変更、②就業時間の変更（休憩の導入）、③友好的な管理・監督方式への変更、の三つの意見があったが、これをさらに深く究明し、結論的なものを得るために、一般従業員面接計画などが始められた。

その当時のホーソン工場は、量的に大躍進の状態にあり、監督者の増員・育成が急務とされていた。そのため、監督者の育成方法を発展させるために、一般従業員の声を聞く必要性が生じ、検査部門での面接計画が始められることになった。

面接方法においても重要な変更が行われ、一九二九年七月から非指示的面接方法が導入された。それまでの方法は、事前に決められた設問に対してイエス・ノーを求める指示的な方法であったが、新たな方法では、相手に好きなように話しをさせる非指示的なものとなり、面接記録もそのように作るものとされた。この変更はメイヨーの指導でなされたもので、その肉付けはこの時ホーソン・リサーチに本格的に参画したレスリスバーガーが担当した（Gillespie 1991, p. 134）。

面接で集められたデータは、面接結果分析セクションで分析・検討が行われた（Roethlisberger and Dickson 1939, pp. 232–235）。全体としては、工場作業条件（plant conditions）に関して不満とされたものが多く、賃金制度・監督などの労働条件では満足と不満が拮抗した状態であった。

これらのコメントの分析を進めてみると、工場作業条件の場合、状況の悪い場合にのみ不満というコメントがなされることが多いことや、労働条件の場合では、事実に対する個人的な考え方の違いによってさまざまなコメントが出てくるということがわかってきた。つまり、従業員のコメントは、必ずしも事実そのものを示しているとはいえず、その事実についての感情や好みなどが含まれて表現されていると考えるべきものが存在するのである（*Ibid*., p. 258）。

結果として、従業員らのコメントは、工場作業条件や労働条件などの事柄についての従業員の感情（employees' feelings）が表現されていたものと理解すべきとされた。つまり、言葉は事実を正確に表しているわけではないのである。

一方、メイヨーは、面接計画によって、従業員の不満というものがほとんど非合理的な産物（irrational constructions）として理解してよい、という見解をとっていた。つまり、従業員のコメントが事実を表しているかどうかは、不確定なものであるが、従業員の意識の中に感情が存在し、その感情によって行動が動かされるという点が重要と考え、その感情がどのように形成されるかを解明することを強調した。それゆえ、面接計画では、人々の意識・感情の探究に焦点が当てられ、その意識・感情が形成される社会的状況の探究が目的とされることになった（*Ibid*., p. 269）。

それまでは非指示的面接方法であったため、コメントはばらばらなものとなる傾向があった。この点を改善することが必要とされ、面接で重要なのは、相手を理解し（understanding）、教導する（orientation）ことだという点が強調され（*Ibid*., p. 286）、インタビュアーは相手の言うことを辛抱強く友好的に聞き、理性的な鑑識眼をもって対応し、時には積極的に話しかけたり、質問をしたりするようにすること、などの細かな取り決めがなされた。

この新たな方法が、ホーソン・リサーチにおける面接方法の確立といってもいいものであるが、一九三〇年の終わり頃に実施されたものであったため、その年の年末に中止となった一般従業員対象の面接計画ではほとんど適用されることがなかった（*Ibid.*, p. 270）。

また、この時期には、監督者対象の面接計画も行われた。監督者には、男女の別、勤続年数などの差異（distinction）があり、そのランクの違いによって社会的状況が異なるという事情がある。面接結果の分析の際にはこのようなものを含めた社会的距離を考慮に入れる必要があるとされた。こういった違いは、その地位だけに規定されるものではなく、そのランクの位置づけに対する評価によって組織上のステータスが決まるとされ、それによって個人の感情が左右され、その感情によって面接での表現や組織内での行動が規定されるとする。

これが、この段階での面接計画の結論であり、それは次のようにまとめられる（*Ibid.*, pp. 358–359）。

① 従業員（監督者を含む）の態度は、一定の感情の体系（system of sentiment）によって規制されコントロールされる。
② この感情の体系は、当該組織の管理者をも含む社会的組織の評価を含む。
③ 仕事環境上のすべての出来事はこの感情の体系に起因する。
④ それゆえ、仕事環境上の人々の満足・不満足を理解するためには、これらの出来事の相互関係、その人が持つ社会的組織上のポジションに与える影響との関連、その人の属する社会的組織に与える影響、その人の欲求に与える影響、といったこととの関連において理解する必要が

ある。

このように、この監督者面接計画を含む面接計画は、面接対象である人間を心理的存在とみることから社会的存在とみることへと進展させた過程と捉えることができ、この過程によって、人間はその置かれている環境によって規定される社会的な意味合い（social significance）との関連においてのみ理解される、という人間関係論的な考え方が明確になったものと考えられる（*Ibid.*, p. 374）。

以上のように、メイヨーの参画によって行われた面接計画は、その進展とともにその方法に改善が加えられ進化していった。その多くはメイヨーによるものであり、その考え方の進展は、人間情況の理解を中心としたメイヨー的人間関係論理論の形成・発展の過程そのものであったと考えられる。

バンク配線作業観察室

バンク配線作業観察室（一九三一年六月二二日～一九三二年五月一九日）は、一九四一年六月二七日～一九三一年一一月一二日を準備（基準）期間、一九三一年一一月一三日～一九三二年五月一九日を実験期間として行われたもので、インフォーマル集団による作業量制限行為の存在・実態を明らかにしたものである。その概念枠組は、ウォーナーの社会人類学的方法に置かれていたもので、労働者たちは職場で独自の集団・文化を作り、それが企業のフォーマルなものと同様に有効性を持っている、とするものであった。

この実験の直接的きっかけとなったのは、ディクソンの報告書や、面接計画インタビュアーの報告書等でも述べられていた、作業現場における集団的作業量制限行為が確認されていたことである（*Ibid*., p. 380）。そこで、そういった制限行為を作り出す集団がどのように形成され、どのような機能を果たしているのかといった、その実態の解明が重要な課題とされたため、実際の作業現場をあるがままに観察することが必要とされた（*Ibid*., pp. 387–392）。

このバンク捲き線作業には、製造部門に所属する捲き線作業員（コネクター作業員・セレクター作業員）と溶接作業員、検査部門に所属する検査作業員の三種類の作業員がいた。検査作業員は、捲き線作業員・溶接作業員に対して非公式的なものではあるが権限を持った上位者的な立場（superordinate position）であると考えられた（*Ibid*., pp. 499–515）。

また、捲き線作業員と溶接作業員の関係は、捲き線作業員を上位とする一種の主従関係にあった（*Ibid*., p. 505）。つまり、この作業場の社会的地位は、検査作業員、捲き線作業員（コネクター作業員・セレクター作業員）、溶接作業員の順と考えられ、このような社会的関係のもとにこの実験作業は行われた。

ここでの作業は、捲き線・溶接・検査の作業がセットで行われ、その一日の作業量は仕上品の数量（この作業場の場合、一日二個）を基準に決められることが慣例となっており、自身の作業量は、この数量を前提に考えている者もいれば、最高熟練作業者が樹立した作業量（ボギー bogey）を基準に自身の作業量を捉えている者もいた。しかし、実際はボギーに到達するものは誰もいないだけでなく、すべての作業員が所定の就業時間以前に仕事を終えていた（*Ibid*., p. 446）。

このような作業状況に加えて注目すべきことは、作業員たちは報告作業量を操作していたことである。つまり、作業員が一時間ごとに班長に報告していた作業量と、観察者が実際に確認した作業量に違いがあったことである。作業員たちは、少ない作業量の時間の場合に、多く作業した時間の作業量を上乗せしていたのであった。こうした操作をすることによって、それぞれの報告された作業量が平準化され、その作業量にほとんど変動がみられなかったのである。

なぜこのような報告量の操作が必要だったのであろうか。それは、実際通りに報告することが作業員たちにとって都合の悪いものと考えられたからである。実際通りに報告すれば、それが職場の作業量水準を超えることとなる。そうではなく、作業員たちの日々の努力は精一杯のものであって、さらに向上することなどないということを組織的に示そうとする、集団的作業量制限行為が行われており、そのための作業量の繰り越し・平準化が行われたと考えられた。

このような集団的作業量制限行為などの実際の社会的集団的行動に関しては、レスリスバーガー／ディクソンらは、集団がインフォーマルに形成され存在し、その所属員の行動を律するものとなっていたということを主張しており、この実験はそれを立証したものとされている（*Ibid*., p. 508）。

少なくともここでは、集団の基準（group norm）が作り出され、そのことによって集団的作業量制限行為が行われている実態が明らかにされている。レスリスバーガー／ディクソンは、この実験を総括して、こうしたインフォーマル集団の果たす役割として集団内部に対してメンバーの行動をコントロールし規制することと、集団外部からの介入に対して集団の利益になるよう集団を守ることの二点を挙げている。

三　人間関係論的主張とホーソン効果

人間関係論的主張の萌芽

ここでは、トマス・N・ホワイトヘッド（Thomas N. Whitehead）に触れておきたい。ホワイトヘッドはハーバード大学経営大学院助教授であったが、メイヨーの二度目のホーソン工場訪問の際に同行し、ホーソン・リサーチに参画し、継電器組立作業テスト室に関する統計的分析を行った人物である。

かれは、継電器組立作業テスト室の結果を分析し、作業時間の変更、休日や休暇の効果、などの物的情況の変化が生産高に影響しないことに気づき、生産行動に影響を与えているものが何かを解明するべく工員間の社会的な結びつき（social relationships）に注目し研究を進めた。その結果、多くの場合労働者たちの人間的結びつき（human relationships）に関連して、精神的態度に影響を与え、それが生産行動に影響を与えているとした（Whitehead 1934, pp. 468-469, 吉原、二〇〇六、二五〇—二五四頁）。

また、経済的誘因と生産性の関係に関しては、そもそもそれぞれの工員の個人的な事情が異なるため、出来高制の誘因の程度が同じではないとした。つまり、工員の生産行動の変化は、ある程度までは経済的誘因によって生産高の上昇はみられたのであるが、上がり続けるものではなかったし、また、金銭的誘因の程度が高いと考えられる大恐慌の際も生産高の上昇は起こらなかったことからこのように捉えている（*Ibid*., p. 470, 吉原、同上、二五四―二五六頁）。

結論として、かれは、経済的誘因は必要ではあるが、生産行動のすべてを規定するには充分ではないと捉え、個々人の人間相互の関係に基づく社会的情況の重要性を説いたのである。即ち、集団全体にその考察の目を向け、社会的に感情が作り出されることを提示したのである。

また、このような観点から、かれは、職場内部の直接の人間関係に着目し、それまでの経済人とは異なった新たな人間観として、安定した集団の中に存在する人間相互の活動の中で地位を確保することでもって満足を求める「社会人」を提示するに至る。

つまり、人間は仕事の関係を通じて社会集団を形成し、その集団の中での地位の確保によって欲求を満たすのであり、その人間相互の関係から感情を形成する。その感情が満たされることで社会的な連帯が強まり、統合された生産行動へと人間を導くと考える人間関係論的効果の根本部分がここで提示されることになる。

ホーソン効果

ホーソン・リサーチが注目されてきたのは、何よりも、人間関係論的効果、即ちホーソン効果（the Hawthorne effect）を提示したことにある。そもそも、そのホーソン効果という言葉は、ジョン・

R・P・フレンチ（John R. P. French Jr.）の一九五〇年の論文で初めて使われ、一九五三年の同じくフレンチの論文で有名になったとされている（French 1950, pp. 79-96, French 1953, pp. 98-135）。この論文の中でフレンチは、フィールド実験調査では人工性（artificiality）を作り出すことが困難といわれる中で、例外的に人工性を作り出した典型例としてホーソン・リサーチを取り上げ、ホーソン・リサーチでは、実験メンバーが特別な社会的な位置（position）や取り扱い（treatment）を受けたことに関連して作業量の増加が起こったとし、これをホーソン効果という言葉で説明している（French 1953, p. 101）。

このホーソン効果について、リチャード・H・フランケ（Richard H. Franke）とジェームス・D・カウル（James D. Kaul）は、継電器組立作業テスト室について、その実験で起こった作業変化について、その量と質の双方について分析を行い、その実体を解明しようとした（Franke and Kaul 1978, pp. 623-643）。

フランケとカウルは、ホーソン効果として説明されている部分、つまり継電器組立作業テスト室での一期から二三期の約五年間に平均の作業量が増加しており、これを実験メンバーが特別な社会的な位置や取り扱いを受けたことに関連するものとして説明している部分に注目し、これを統計的に分析した。その結果、ホーソン効果といわれている作業量増加は、そのほとんどの部分が実験メンバーに対する管理的規律措置（寄与率五六％）、休憩時間設定等による作業時間の変更（寄与率三二％）、大恐慌（寄与率八％）によって説明されると結論づけた。

これは、レスリスバーガーらの主張の核心的部分、即ちホーソン効果を否定するものであり、これを契機にこれに反論する試みや、ホーソン効果について改めて規定する試みなどが現れ、論争となった。

ホーソン効果の四つの見解

レスリスバーガーらは人間が注目を受けたり、人間的社会的存在として扱われたりすることによって生み出された人間関係論的効果を中心に据え議論を進めたのであるが、その後の議論では、ホーソン効果についての見解はその他にも大きく分けると三つの見解が存在する。

一つ目は、フランケ／カウルらに代表される、ホーソン効果は実証されていないとするものである。フランケ／カウルは、かれらの統計的分析によれば、ホーソン効果といわれている作業量増加は、管理的規律措置、作業時間変更、大恐慌などの要因によって生み出されたものだと結論づけている。また、それは論証や実証が欠けているにもかかわらず、人々の働く意欲は複雑な社会的関係により決まるという人間志向的なアプローチが必要であると考える人たちによって推進されてきたためだとしている。つまり、フランケ／カウルの主張は、ホーソン・リサーチでは人間志向的なアプローチが実証されていないのであり、そのようなアプローチに志向するならば、論証や実証がなされるべきであり、その点での有効性が欠けているとしている（*Ibid.*）。

二つ目は、実験経過の中で進んだ学習による作業習熟効果（learning effect）によるものと主張するものである。この見解はユタ州立大学のブライアン・L・ピッチャー（Brian L. Pitcher）に代表されるのであるが、ピッチャー以前にもハーバード大学のロバート・シュライファー（Robert Schlaifer）はフランケ／カウルの統計的分析について、時間の要因をまったくといっていいほど無視していると主張しており（Shlaifer 1980, pp. 995–1000）、これをさらに積極的に作業習熟効果であると主張するものである（Pitcher 1981, pp. 133–149）。

つまりピッチャーは、ホーソン・リサーチでは、例えば第二継電器作業集団での実験メンバー五名だけの集団出来高給制の実施や、雲母剥ぎ作業テスト室での休憩の導入などに基づく作業量増加など短期間での作業量増加が起こったものがあるが、これらは継電器組立作業テスト室のような長期的なものと同様に考えることはできないとしている。

ピッチャーは短期的な効果をすべて否定しているわけではないが、継電器組立作業テスト室では質的要因が重要であるという見解に立って議論は進んだが、そこでは統計的分析がなされるべきであり、またそれは可能であったと批判した。

即ち、ピッチャーは、賃金などの要因を個別的短期的な非趨勢的要因として位置づけ、それらの短期的要因を質的に検討することで、例えば継電器組立作業テスト室の場合には、補強的要素の改善と、作業結果情報の関係従業員たちへのフィードバックの充実の二つの要因に整理され、この二つの要因によって作業習熟行為が進むことに繋がると主張している。

三つ目の論点は、ホーソン効果を偽薬効果として否定するか、もしくは特徴づけているものである。偽薬効果とは、一九五〇年代中頃から医学界・心理学界を中心に広く知られるようになったものであるが、実際には効果のない薬でも、効果があると信じて服用すると何らかの改善がみられることをいうものである。カリフォルニア大学のロバート・ソマー（Robert Sommer）によれば、一九六〇年代のアメリカの心理学界ではホーソン効果をこのような偽薬効果とみる見解がかなり行き渡っていたとしており、こうしたその当時の心理学の分野で広く知れ渡っていた見解に対して反論を行っている（Sommer 1968, pp. 592-595）。

心理学の分野でのその当時の一般的な見解では、ホーソン効果は実験室の中で行われる単一要因実験（single variable laboratory research）の考え方から生まれてきたもので、そういった考え方ではホーソン効果は避けられるべき実験者エラー（experimenter error）と捉えられている。しかし、人間行動を引き起こす人間の心理はそもそも単一の要因だけで決まるのではなく、さまざまな要因に影響されて作り出される全体的状況の中で生み出されるものであり、フィールド研究ではその考え方は当てはまらないとし、ホーソン効果＝偽薬効果という見解を批判している。

ここまでみてきた通り、ホーソン効果といわれるものには少なくとも次の四種の考え方がある。

① レスリスバーガーらのいうように人間が注目を受けたり、人間的・社会的存在として扱われたりすることにより生み出された人間関係論的効果とするもの。

② フランケらのいうように管理的規律措置、作業時間変更、大恐慌といった量的把握可能な要因により生まれた効果とするもの。

③　ピッチャーらのいうように時間的経過の中で進んだ学習・習熟効果とするもの。
④　偽薬効果とするもの。

これをみると、このようにホーソン効果にはこのようにいくつかの異なった解釈があり、このように解釈・見解が分かれることによって、経営学・社会学・心理学といった分野でその議論が進展・発展してゆくことになる。

四　ホーソン・リサーチの意義

ホーソン・リサーチ以後メイヨーやレスリスバーガーらの人間関係論的主張や理論は、非常に多くの人に受け容れられることになる一方、ホーソン・リサーチに関しては、その中心をなすレスリスバーガー／ディクソンの一九三九年の著の刊行以来、調査・実験の結果とその解釈・理論構成との関連において論理的妥当性のないことの指摘を中心に、賛同論と批判論が種々展開されてきた。しかし、そのような論理的な問題点があるのにもかかわらず、メイヨーやレスリスバーガーらの人間関係論的主張や理論は、非常に多くの人に受け容れられることになったのは、メイヨーやレスリスバーガーらの主張がその時代の要請に合致していたためであると考えられているのであるが、それを必要としていた時代の要請というものはどのようなものであったのだろうか。つまりその当時の社会体制における、人間関係論的主張・理論の役割を明らかにする必要があると考えられる。

ホーソン・リサーチに関する分析・究明を行ったものとして注目されるものに、一九九一年にリチャード・ギレスピー（Richard Gillespie）が発表した書（Gillespie 1991）がある。現在におけるホーソン・リサーチ、人間関係論に関する論議は、このギレスピーの書を基本としてその議論が進展しているといってよいもので、ホーソン・リサーチそのものだけではなく、メイヨーらの所説等も含めて、残されている資料に基づいて、いわばその真相・実態を内在的に徹底的に解明したものである。

ギレスピーによると、社会科学における理論は、作り出されるもの（manufactured）であり、その理論が前提にする社会的・制度的・イデオロギー的状況のもとで作り出されると捉えているため、それが作り出されるところに本質的な特色があり、それを作り出す行為・プロセスが人間による社会的活動であるとしている（*Ibid.*, p. 4, 264）。つまり、社会科学的事実を明らかにする際には、その事実が背景にしている社会的・制度的・イデオロギー的状況を特定することが必要で、それに基づいてそれを作り出す人間による社会的活動が出てくるものとする。

その見地から、社会科学的事実であるホーソン・リサーチを、それがいかにして「客観的心理」として理論化されたのかというプロセスを精査することが必要とされると考えたのである。

そしてこれをホーソン・リサーチに立脚した人間関係論に適応した場合、一つにその当時の社会全般的な背景、つまり一九二〇年代の産業の組織化に照応して社会科学者が実践界に出て、そういった動きが進展していったことであり（*Ibid.*, p. 5）、もう一つにメイヨーがホーソン・リサーチに参画し、それを機にホーソン・リサーチの産学協同色が強まったことを要因として主張している。先述の通り、そもそもホーソン・リサーチの継電器組立作業テスト室は、メイヨーの参画以前は、ウェスタン・エレクトリック社関係者のみで計画され実行されていた。それがメイヨー参画後、徐々にメイヨーの影響力が強まるにつれて、ホーソン・リサーチは、社会学的心理学的な方向へその重点を移していくことになり、それは、メイヨーの積極的な指導の下で行われた面接計画ではっきりと現れるのである（*Ibid.*, p. 189）。

つまり、ギレスピーは、メイヨーの社会心理学的主張が先行し、それにホーソン・リサーチの諸結果が組み込まれて、実際的根拠を持つとされているものと説明し、そのためにホーソン・リサーチ結果の解釈的構成（interpretative constructs）が行われ、そしてそれがその後のホーソン・リサーチ関係者の著述に影響し、それらの読者たちに影響を及ぼしたと主張している。

それゆえ、ギレスピーは、ホーソン・リサーチを、虚偽の誤った神話的なものであり、労働者の抵抗をなくすためのメッセージたるもの（the message of disarming description of error and false assumption）と考えられるが、それが実験で実証されたもの（experimental evidence）とされ、しかもその客観的真理性は権威ある大学教授たちの認定（confessions）によって保証されているものとしている（*Ibid.*, p. 3）。

これまで、ホーソン・リサーチそのもの、およびその後の研究・論議の状況を考察してきた。ホーソン・リサーチそのものやホーソン効果にたいして懐疑的にみる考え方も含めてさまざまな見解があることがわかったと思う。しかし、ホーソン・リサーチが投げかけている集団化したところの人間のありようは現代の問題でもある。その意味では、ホーソン・リサーチの実態がどのようなもので、それに対してどのような批判があるにせよ、人間と集団の関係がなくなることはないし、現在においても取り組まれるべき課題である。この起点となり、現代までその論議が絶えず続いていることこそが、ホーソン・リサーチの意義であろう。

（竹林　浩志）

第四章　協働システムと人間
――C・I・バーナードの組織論――

一　自律的な個人という視点

「個人とは何か」、「人間とは何を意味するのか」、「人間はどの程度まで選択力や自由意思を持つのか」(Barnard 1938, 翻訳書、八頁)。バーナードは、経営学において初めて、こうした問いに正面から向き合い、理論前提としての人間観を明示した(飯野 一九七八、八三頁)。その上で、個人と組織が対置関係にありながら相互的に発展するダイナミズムを描き出している。本章では、バーナードにおける個人と協働システム・組織をめぐる洞察をたどりながら、時に深刻な対立を引き起こしながらも利害を調整し、協働を続ける存在としての人間に焦点を当てていく。

前章までの人間観との違い

経営学においては、マネジメントないし管理実践に際して、それらの対象となる人間について明示的ではないにせよ何らかの前提が置かれてきた。例えば、第二章のテイラーによる科学的管理（Taylor 1911）では、暗黙の裡に工学的で合理的な人間が想定されていた。それは、人間は経済的な関心に基づき、経済的合理性を最大にするべく行動するという経済人仮説ともいわれる。科学的管理の下では、標準化や機械化によって労働力コストの節約が行われた。そこでは、人間の機能的な側面のみが焦点化されていた。労働者個人が多様に持っている熟練は、人間の知的・精神的作用と不可分に結びついているにもかかわらず、機能的な知識や法則として客体化された。そして、課業を設計する計画部と、実際に作業指導票通りに作業を行う実行部とが分離された結果、Braverman（1974）のいう個別的分業が進んだ。機械の動きに合わせて単純作業に従事せざるを得なくなった労働者は、その熟練的価値を著しく低下させていくこととなったのである。

第三章では人間の社会性に焦点が当てられ、感情に左右されながら行動する存在としての人間が描き出されていた。非合理的な感情、社会関係が人間の行動を規定するという社会人仮説である。一連のホーソン・リサーチでは、組織において公式に割り当てられた役割とは無関係の個人的な事情が仕事の生産性に影響し得ること、個人の心情や感情を理解するにはその人の社会的背景を理解する必要があること等が発見された。また、非公式組織においてある種の規範が形成され、人間の行動を規定していることも指摘された。

本章においても、人間の社会性が強調される。しかし、本章では自律的な人間が持つ協働可能性としての社会性という点で、ホーソン・リサーチおよびその後の人間関係運動において前提とされていた社会人仮説の社会性とは意味合いを異にする。この点、庭本（二〇〇八）では、人間を動かす誘因範囲が経済的誘因から「職場の人間関係が生みだす社会感情にまで拡がったにすぎない」として、経済人仮説と社会人仮説の論理構造的同型性が指摘されている（七二—七四頁）。つまり、経済人仮説は経済的誘因に反応する人間観であったのに対して、社会人仮説は職場の良好な人間関係やインフォーマル・グループへの所属感に満足し、それに反応する人間観であって、どちらも自立欲求や自律意識の乏しい依存的人間観であった。

協働と自律的個人

Barnard（1938）でハイライトされているのは、人間の自律性である。人間は、個々に存在する個人ではあるが、互いに孤立しているわけではなく、起源からして歴史的文化的背景を持ち協働する社会的存在である。また、人間は、周囲の状況にただ依存するだけの存在ではなく、自由意思を持ち目的を設定して判断を行う人格的存在である。人間は人格的存在として、それぞれに異なる価値基準を持っているから、複数人の協働の場では、個人間で価値のぶつかり合いがしばしば生じ得る。さらに、組織において形成されている価値基準と個人のそれとが深刻なコンフリクトに繋がることもある。協働に参加する個人の背景が多様であるほど、価値や規範の対立が顕在化しやすいが、同時にそうしたコンフリクトが組織の創造性の源泉ともなる。

自律的な個人が自らの意思において目的を設定し自身の選択において行動する。そうした個々人の責任ある行為が、時にさまざまなコンフリクトを生じさせながらも協働を発展させていく。同時に、他者との協働を通して新たな価値基準が創造されるときに、人格的存在としての個人も発展していく。自律的な人間観を前提として、協働の拡大と個人の同時的発展のダイナミズムが捉えられるのである。

自律的な個人としての人間は、他者と協働し組織として大規模に展開することによって豊かな社会を築き上げてきた。他方で今日では、組織に縛られない個人の自律的キャリアへの関心がますます高まっている。多様で自律的な個人がいかにして協働を実現していくのか、協働システムないし組織と個人はいかに相互的に発展可能なのかということが、改めて重要なテーマになっているのである。今日の組織社会において個人が自律的であることの意義や、自律的な人間が他者と協働する際にどのような問題が生じうるのかについて問うとき、バーナードにおける個人と協働の相互的発展の論理はわれわれに大きな示唆をもたらしている。

このような視点から、本章では、まずバーナードが人間という存在をどのように捉えていたのかについて、Barnard（1938）において組織論・管理論の「予備的な検討」（翻訳書、九頁）として示されている人間観を確認する（第二節）。次に、協働システムと組織において個人がどのように定位されているのか検討し、個人と協働の相互的発展を可能にする論理について、バーナードの協働システムと組織定義によりながら考察する（第三節）。これらを踏まえて、今日のマネジメント論、とりわけ今日の人事管理理論領域との関連で、バーナードの人間と協働の理論の今日的な意義を述べていく

（第四節）。

二　バーナードの人間観

人間の個性（individual）

Barnard（1938）の第Ⅰ部第二章「個人と組織」では、公式組織の機能に関する理論の前提として不可欠な人間観が示されている。まず、個人は「過去および現在の物的、生物的、社会的要因である無数の力や素材を具現する、単一の、独特な、独立の、孤立した全体」（翻訳書、一三頁）と定義される。「孤立した」という表現のために、一見すると個人がそれぞれ独立・孤立しているようにも思われる。しかし、「具現した」という表現から、個人は独立した存在ではなく、過去からのさまざまな要因に規定されて存在していることがわかる。

上記定義の前半部分から、「個」としての人間を規定するものは、①物的要因、②生物的要因、③社会的要因であるということがわかる。人間は、人体の形態を持つ①物的存在として空間に位置づけられている。個々の人間は、身長や体重、容姿等で他の物体と便宜上区別することができる。もっとも、人間は単なる物体ではなく、生物的有機体としてこの世界に生きている。②生物的存在としての人間は、「適応力」、「内的均衡力を維持する能力」（同上、一一頁）があるので、ある程度の環境変化には自らの身体を適応させ生命を維持、継続させていくことができる。さらに、生物的に「経験の能力」があるので、限度はあれども身体をコントロールすることや、過去の経験を感覚的に意味づけ長い歴史の中で適応の性格を変えていくこともできる。物的要因および生物的要因からなる一つの有機体としての人間が、人間として存在し能力を維持し向上させていくことができるのは、他者や社会との相互作用によってである。ここに人間は、経験や適応性を相互に持ち合わせ、その適応的行動の意図と意味に相互に応答する③社会的存在でもある。

社会的存在としての人間に関して、庭本（二〇〇六）は、人間の群居性（Barnard 1938, 翻訳書、五四頁）および協働可能性から、人間と社会が「同時的存在」であることを説明している（同上、四〇頁）。人間は、物的要因や生物的要因から生じる種々の制約を克服するために協働し社会集団を形成するのであるが、そもそも協働できるためには他者を受容できることおよびコミュニケーションをとれることが前提になる。人間が他者と相互に理解できるのは、歴史的にある程度の感性の共有が形成されているからでもある。他者を受容し、相互依存的にコミュニケーションをとることができるという人間の群居性は、他者との協働ないし共同体・社会の基盤である。こうして人間は、無数の世代にわたる歴史の上に生き、社会を前提として生活を営んできたのである。

人間の社会ないし共同体は、相互依存的なコミュニケーション（の束）によって特徴づけられる。コミュニケーションによる他者との相互作用によって、共通の言語、概念が生み出され、行動パターンやコミュニケーションの慣習的ルールが確立され、一定の態度や規範などの文化が形成される。こうした人々の間の関係の束としての社会は、社会集団を構成する人々の行動を規定する。人間は社会的に制約されており、社会から独立して存在することはできない。

バーナードによる個人の定義からは、二つの重要なことが見出される。第一に、人間は孤立した存在ではなく、過去からの社会的関係性に規定されているということである。そうした関係性を通してしか、当該個人の存在を認識することはできない。関係性は、他者との相互作用の中で構築されるものであって、ある個人と他者との間に関係性が蓄積されるほど、社会における個人の位置づけも明確になっていくからである。第二に、より重要なことは、個人は、他者との関係性に規定されながらも同時に「孤立した全体」を維持しており、他者との関係性に埋没してしまうことのない単一性、独特性、独立性が見いだされるということである。

とりわけ、言語による他者とのコミュニケーションは、人間の論理的な精神作用に大きく影響し、経験や知識の高度な抽象化を可能にする（Barnard 1950, 庭本 二〇〇六）。そして、言語によって他者の経験や知識、ノウハウが明示化され、それらの共有が促進される。そのため、人間は他者との相互作用を繰り返す中で、過去の経験を抽象的に意味づけて一般的な命題を引き出すこともできるようになる。このことによって、人間は集団の中で、他者とのコミュニケーションを通して自らの存在を再認識することができるのである。この点は、以下にみる人格規定との関連でより明確に示される。

人間の人格（person）――自律的人間の基盤――

人間の物的、生物的、社会的要因ないし制約による人間規定は、およそ人間とはどういう存在か、個人はどういった要因に規定されているのかを説明するものであった。では、諸要因に制約されながらも他者とは独立した「その人らしさ」はどのように特徴づけられるのであろうか。バーナードは、(a)活動ないし行動とその背後にある、(b)心理的要因、(c)一定の選択力、(d)目的という四つの特性から、人格的存在としての人間を説明する（翻訳書、一三頁）。

個人の人格的特性は、まずもって(a)活動ないし行動において観察される。人間は生物的存在として、自らの生命を維持するために環境適応的な活動を絶えず行っている。しかし、周囲の状況への適応活動自体は人間にのみ備わっている特性ではない。そこで、人間を人間たらしめる、同時に「その人らしさ」をもたらすものとして、(b)心理的要因が挙げられる。心理的要因とは、「個人の経歴を決定し、さらに現在の環境との関連から個人の現状を決定している物的、生物的、社会的要因の結合物、合成物、残基」のことである（翻訳書、一四頁）。人間の身体的特性に基礎づけられた適応力や身体をコントロールする能力は、経験を繰り返す中で一般的な命題を引き出し抽象化する。心理的要因は、高度に知的なものであって高い動機づけにもかかわるので、人間の生物的、社会的な規定のされ方、制約の乗り越え方にも大きく影響するのである。

心理・精神作用は、人間に高い動機づけをもたらし、行動するエネルギーを生じさせる。これが、(c)選択力である。もっとも、人間は、物的、生物的、社会的要因から生じる制約を受けるから、当然に選択可能性も限定されている。Barnard（1938）でも、「選択力には限界がある。個人が物的、生物的、社会的要因の結合した一つの活動領域である限り、これは当然のことである」として、選択の可能性が有限であることが留保されている。この選択の可能性を限定するものとして、(d)目的の設定が挙げられる。

(a)活動、(b)心理的要因、(c)(有限の)選択力、(d)目的の設定、という四つの人格的特性は、人間の自律的意思決定のプロセスを説明するものでもある。自らの意思に基づいて選択していくために、人は目的を設定し、目的の到達に向かって技能や知識を駆使し判断を行っていく。[1]そして、設定された目的の下でどの程度目標が達成されたのか、意図せざる結果も含めてどれだけ自分の動機が満足されているのか、という二つの側面から、次に続いていく活動の方向性が決められることになる。

組織人格と個人人格

人格的存在としての人間は、組織との関係においては、組織人格と個人人格という二つの側面から捉えられる。組織人格は、人格的特性のうち、組織での役割によって規定される機能的側面である(Barnard 1938, 翻訳書、一七頁)。個人が組織に参加し、自分の持っているスキルや知識を駆使し、組織から与えられた職務を組織人として全うしている場合、その個人は組織人格の側面を組織に提供している。ここでは、個人の自律性は、個人が責任をもって組織上の役割を果たすところに現れる。

もちろん、個人は全体としての人格的存在として、それぞれ個人的動機を持っているが、いったん組織に参加すると個人的動機が誘因によって満たされる限りは、人格的自由を放棄して組織人として行動することが求められる。組織人格としての個人は組織上の権限を代位行使する存在であり、組織に代位して意思決定を行うのである。

他方、個人人格は、人間が個人としてそれ自体が尊重される自律的存在でもあることを示している。個人が組織に参加するとき、また参加して以降も、個人はそれぞれの個人的な動機を持っているが、個人が組織の共通目的のもとで組織人格として活動しているとき、個人人格はなりを潜めている。もっとも現実には、組織人格と個人人格は、個人内に常に同時的に存在しているのであり、どちらかが現れるときにはもう片方は潜在化しているだけである。

人間における組織人格と個人人格の側面が、協働や組織活動との関係でどのような意義を持っているのか、両人格がどのようにバランスがとられているのかについて、次節では協働、組織と人間という視点からさらに考察していく。

三　人間と協働のダイナミズム

協働する存在としての人間

人間は自由意思による目的を持っているが、物的、生物的、社会的要因に由来する制約を受ける。個人が単独ではできないことを、複数人で協力することで目的を達成しようとするとき、協働が成立する。

協働する存在としての人間の行動は、バーナードにおける人間の個性と人格規定を通して深く理解され得る。[2] 具体的協働の場における人間は、単なる機能的要素でも統計的単位でもない。庭本（二〇〇六）で示されているように、他者と協働する個人という観点からは、協働プロセスにおいてときに他者に嫉妬したり、対抗心を燃やして高く動機づけられたりする現実味あふれた人間の姿が描き出される。また、ある集団として協働を繰り返す中で、その集団において自分を認知してほしいという承認欲求が生じ得る。集団への愛着心がわいて、「集団のために頑張る」という動機づけが生じることもある。もちろん、人間は経済的インセンティブに高く動機づけられる場合もある（四〇―四四頁）。協働における人間行動は、このように多様で複雑な動機を考慮に入れることで初めて理解できるものである。

いったん成立した協働は、個人間の言語コミュニケーションによって促進される。個人が他者と適切に協働していくためには、他者の能力を活用し、多くの人々の協力を引き出すことが重要である。そのために、個人は組織のルールとその適用を他者から学んでいく必要があるが、他者から知識を獲得し、活用し、伝達することを可能にするのは、言語コミュニケーションである。

前節でも言及したように、言語コミュニケーションは、物事を抽象的に考え一般的命題を導出するという人間固有の高度な精神作用に影響し、さらにそうした概念や知識が言語化される。そのため、メンバー相互の経験が一般的な知識として共有されやすくなり、ますます協働が促進されていく。そして、協働がある程度継続しひとまとまりのものと捉えられるようになると、協働システムないし組織と個人の関係が改めて問題となってくるのである。

協働システム、公式組織と個人の関係

人間は、社会的存在として、他者との相互関係を通して潜在的にせよ協働している。このうちで、明確な目的を持って種々の制約を克服すべく人々が積極的に協力するとき、協働現象は、「組織」となる。「組織」では、共通目的の下で各人の行為が機能的なものとして扱われ、全体の視点からひとまとまりものとして調整される。ここにおいて、自律的な個人と協働の相互的な発展がどのように担保されるのかという疑問が生じ得る。そこで、バーナードの協働システムと組織の定義から、組織に個人がどのように位置づけられるのかを検討していく。

複数人によって提供される諸活動である経験的実在としての協働は、具体的には会社、学校、NPO団体、各種自治体などあらゆる場においてみられる。協働システムは、こうした具体的な協働情況をシステマティックに捉える概念であって、バーナードによれば「少なくとも一つの明確な目的のもとに二人以上の人々が協働することによって特殊の体系的関係にある物的・生物的・個人的・社会的構成要素による複合体である」(Barnard 1938, 翻訳書、六七頁)。

協働システムを構成するのは、物的システム(建物、機械など)、人的システム(従業員など)、社会的システム(人間の諸関係、コミュニティでのやりとりなど)などのサブシステムである。これらをシステムとして機能せしめ、協働システムとして複合的に関係づけているのが「組織」という中核的なサブシステムである。物的・人的・社会的サブシステムは、具体的な協働の場では多様に現出するが、組織という中核システムはどのような協働システムであっても共通して、環境変化に適応すべ

くサブシステムを調整・維持し続けるという作用を担っている。

バーナードは、このような「組織」を「二人以上の人々の意識的に調整された活動や諸力のシステム」と定義する（Barnard 1938, 翻訳書、七五頁）。この定義からは、組織は、人間それ自体で構成されたものではなく、多様な人間の調整された貢献活動から成り立っていることがわかる。多くの貢献者の努力や貢献活動が調整されるシステムが組織であるとされていることから明らかなように、組織では人間の協働の中でも非人格的な活動がフォーカスされている。

ここに示される組織概念は、協働システムの具体的諸要素を捨象した理念型として抽出されたものである。即ち、高度に抽象化された組織は、調整された貢献活動であって、共通目的、コミュニケーション、協働意思を必要十分な成立要素とする。この理念型としての組織概念と協働システムを通して、複数の個人による協働現象、協働において生じるさまざまなコンフリクト、そして組織を維持していくための管理の問題が考察される。

前節に示したバーナードにおける人間への考察も踏まえると、協働システム、組織、個人は、以下のように位置づけられる。人間は、自律的存在であると同時に、さまざまな制約に規定される存在でもある。その制約を克服するために、人間は他者と協働する。現実の多様な協働は、協働システムの抽象レベルでは、物的・人的・社会的サブシステムから分析される。人間は、いったん協働システムの中に入ると、物的・人的・社会的システムに関係づけられながらも、個人的な動機を持ち相互作用を継続する。同時に、協働システムもまた、協働が継続するに従い独自の目的を設定・再設定し、サブシステムの調整をはかるようになる。協働システムの本質は調整にあり、組織は協働の調整機能として位置づけられる。

人間は、協働システムの構成要素ではあるが組織の構成要素ではない。個人は、組織の場では機能的に活動し組織人格として役割を全うする。しかし、個人において、組織人格と全体としての人間存在がまったく重なるということはなく、また、組織人格と個人人格のスイッチは非常に不安定である。ゆえに、個人は、組織において与えられた職務を遂行しながらも常に組織人格と個人人格の狭間で葛藤を繰り返す。

さらに、協働の中では価値基準の対立は、個人内の価値観だけでなく、個人間の価値観、組織と個人間の価値観の間でも生じ得るので、個人はしばしば複数の価値基準のコンフリクトに直面する。個人は組織に活動を提供しエネルギーの源泉となっているが、同時に人格的存在として、組織から離脱するかどうかも含めた自由意思を有している。組織と個人は対置関係にあって、組織にとって個人は環境として配慮すべき存在である。ここに、自律的な個人と全体として作用する協働システムの間にあって、組織を維持し協働を発展させるものとして管理が位置づけられる。

協働における非公式組織の役割

人間は、特定の目的を持たなくとも、他者との相互作用からある種のまとまりを形成する。その根源は、前節でも述べてきたように、人間の群居性にある。人々の具体的行動は、協働の必要性からにせよ、単なる空間的近さからにせよ相互依存しており、「個人的な接触や相互作用の総合、人々の集団の連結」である非公式組織を形成している（Barnard 1938, 翻訳書、一二〇頁）。非公式組織では、とりわけ言語コミュニケーションと概念の開発によって、人々の行動が様式化され共通の経験や理解が慣習や規範となってゆく。

非公式組織は、人々の間の無意識的な相互作用であるがゆえにそれ自体は捉えどころがない。しかし、人々の間で反復的に相互作用が続く結果、慣習や規範は文化として発現し、構成メンバーの一定の態度を醸成する。メンバーが直接的に相互作用する人数は限られるが、人間同士の連鎖関係は無限であるために、広範囲で多くの人々の間に一定の心的状態が展開されるのである。こうして非公式組織は、集団ないし共同体、社会の規則性に大きく関わることになる。

このような人間と非公式組織、文化の関係性からは、協働する人間が歴史的・文化的存在でもあることが導かれる。人間は、自分自身に起源を持つものではなく、共同体の文化を共有する歴史的な存在である。人間の相互依存的なコミュニケーションから非公式組織が形成されるが、同時に非公式組織は文化を形成して人間行動を規定する。個人は、共同体の文化を背景に意思決定するのであって、また社会的存在として個性を発揮する。

非公式組織の存在はすでにホーソン・リサーチにおいて発見され、非公式な社会的結合関係が組織の生産性に影響を与え得ることが指摘されていた。しかし、バーナードにおいて明らかにされたのは、非公式組織の機能における二つの重要性であった。

第一に、公式組織と非公式組織の「重層的相互依存関係」である（河邊、六八頁）。非公式組織は、明確な目的を持たないものであるがゆえにそれ自体で持続することはなく、公式的な組織の後続を予定している。公式組織が発生すると、その拡大に伴って組織のフォーマルな性質のもとに、インフォーマルな側面が生じる。いったん確立された公式組織が、今度は非公式組織を再確認・再創出していく。そして、非公式組織が人々と公式組織とのインターフェイスとなって、人々の心的状態と公式的な制度とが互いに修正され合うのである。

第二に、人間の個人人格と組織人格のバランスを保つ場としての非公式組織の意義である。バーナードは、非公式組織が個人の全人性保全の手段として、公式組織の運営に必要であるという（Barnard 1938, 翻訳書、一二九頁）。既述のように、公式組織は、個人に対し個人人格の放棄と組織人としての非人格的な貢献を要求する。したがって、公式組織での活動は、一個人の個人人格と組織人格の分離によって個人を分裂させがちである。組織で割り当てられる職務においては、本当はやりたくない業務をやらなければならないこともある。また、組織活動の中で、メンバーが個人として不当な扱いを受けるなど組織の不誠実に直面する場合もある。このような場合、非公式組織は、個人が自律的人格を保持しているという感覚を持ち、自尊心および自主的選択力を維持することを可能にし、個人の全人格性のよりどころとなっているのである（同上、一二八―一二九頁）。

四　自律的人間観の今日的意義

組織のダイナミズムの源泉としての個人

前節までに検討したバーナードの人間観は、一言でいえば自律的人間観であった。しかし、個人の自律性とは何らの制約も受けないという意味ではないことも、繰り返し確認された。人間は単なる個ではなく、全体の中で物的、生物的要因に規定されるものであり、他者との関係性において相互に意図と意味をやりとりする社会的存在でもある。そのうえで、自由意思や選択力といった個人の自律的側面が強調される。「その人らしさ」を表す人格的存在としての人間においては、心理的要因によって動機づけられ、有限ではあるが選択力を持って目的が設定される。そして、自らの判断において意思決定を行う。そうであるがゆえに、目的的行為の結果には責任が伴われる。

人間の持つこの二つの側面が、協働の場において相互的に立ち現れる。即ち、群居性からして人間は集合し協働する存在なのであって、協働における他者との関係性の中から自我を再認識していく。バーナードが「協働を選択する場合にのみ完全に人格的発展が得られる」というゆえんである(Barnard 1938, 翻訳書、三〇九頁)。

バーナードは、「協働や組織は、観察、経験されるように、対立する事実の具体的な統合物であり、人間の対立する思考や感情の具体的統合物である。管理者の機能は、具体的行動において矛盾する諸力の統合を促進し、対立する諸力、本能、利害、条件、立場、理想を調整することである」と表している（Barnard 1938, 翻訳書、二二頁）。協働システムないし組織においては、全体の観点から個人は活動を提供し調整される存在として位置づけられる。しかし同時に、バーナードは、機能的側面と社会的側面の両方を持った人間を前提とした協働システムと組織、管理の理論を展開する。

本章では、組織の構成要素に個人を含まないとするバーナードの組織定義、個人の全人性のよりどころと位置づけられた非公式組織に焦点を当て、バーナード理論における全体と個のバランスをとるための概念上の工夫を考察してきた。組織の構成要素である諸活動を提供するのは、個々のメンバーであるから、個人は組織のダイナミズムの源泉である。では、組織のダイナミズムはどのように生じ得るのか。このプロセスを詳細に論じることは、本章の趣旨ではないが、庭本（二〇〇六）によりながら以下に簡潔に記述する。

協働に参加する個人の目的と組織の目的は、協働の当初から一致していることはないが、協働が進むにつれて乖離が大きくなり得る。個人は、通常組織人としてふるまうために個人人格を抑制するのであるが、人格分裂の危機は潜在的にせよ生じている。組織目的と個人目的の乖離が個人の価値意識に照らして耐え難くなった時、個人は組織と対立するようなシグナルを出すであろう。従業員であれば、著しくモチベーションを低下させたり、離職するといった行動に出たりするかもしれない。また、社会価値を内在化し高い自律性を持ったメンバーによって、組織価値と社会価値のずれが敏感に感知され、組織の制度や構造の変革の声が上げられることもある。実際に、組織価値が変革するかどうかは主体である組織のプロセスに大きく依存しているが、組織と個人の潜在的な対立の可能性が、組織のダイナミズムの基盤となっているのである（六七―七二頁）。

多様な個人のマネジメントへの示唆

バーナードにおける自律的個人という人間観は、経営学において初めて、個人の自律的意思決定の重要性を浮かび上がらせた。人間は、さまざまな個人的動機や欲求を持って意思決定する主体であり、選択する自由を持った人格である。組織と個人の理論的位置づけに真正面から向き合い、このことを明確に示した嚆矢がバーナードであった。この人間観を前提に、バーナードの協働システムないし組織の理論は、個人と組織の相互発展の可能性の理論的根拠を明示した。

組織の中に個人は含まないというバーナードの組織定義は、強い自律的個人が強調される今日、組織・人のマネジメント論に重要な理論的視座を提供するものである。一つは、組織が個人自体をコントロールできるわけではなく、個人が提供する活動のみを管理側と個人が共に力を合わせてマネジメントし得るということである。もう一つは、組織の外側に個人が対置されているからこそ、個人は組織に参加し組織人格として役割を遂行する中で、自律性・主体性を発揮し得るということである。つまり、組織が個人のすべてを管理できるわけではないからこそ、多様で主体的な個人が担保される。これを前提として、組織は多様な個人からの貢献を導き、彼らの協働を実現させていかなければならない。

われわれは、人事管理における多様な個人のマネジメントにまつわる諸課題の解決の方向性をバーナード理論の枠組みの中に見出すことができる。今日、人事管理論領域で主要なパラダイムとなっている人的資源管理論においては、働く人々のスキルや知識といった資源の価値を最大化していく仕組みが科学的に分析され、企業組織にとって価値ある人的資源の効率的な供給が強調される（守島二〇一〇）。この考え方は、従業員の能力に戦略的価値を見出し、知識やスキルという貴重な人的資産に投資して労使の相互発展による競争優位の構築を目指すものであるといえる。しかし、この前提にある人間観が明確にされないまま、組織の機能性に奉仕する存在としての人的資源のみが対象として議論されると、組織にとって有価値であると判断されない人的資源は排除される帰結を導き得る。このことは、人のマネジメント論において重大な問題をはらんでいる。現実の人間がどのように協働に参加しコンフリクトを抱えているのかにまつわる問題、例えばワーク・ライフ・バランスの問題については、人的資源管理論のフレームワークでは本来捉えることができないということを意味するからである。

働く人々の管理は、企業目的や戦略、働く人々の生きる場としての組織、職場での多様なやりとりや人間関係といった複雑に絡み合ったものが想定されたプロセスである。こうした人事の複雑で多様な管理機能を人事管理論で考察していくことの重要性を、バーナードの人間観と組織の理論は示唆している。人格的存在としての人間は、一個人のうちに価値基準を有している。個人は、所属する集団や参加する組織ごとに複数の価値基準を持ち、それらを適切に使い分けようとする。このことが、具体的協働状況においてさまざまな対立や葛藤を生じさせる。残業が多くて家庭での親の役割を十分に果たすことができない、育児や介護のために仕事での役割遂行に差し障りが生じるといった仕事役割と家庭役割とが相互にぶつかり合って役割葛藤が生じ得るのも、このような個人の中で生じる人格的な対立の議論に深く関わるものである。

また、「個人」という存在が強調される今日、多様な背景を持つ個人をうまくマネジメントしていくことの重要性がますます高まっている。人事管理においては、多様な価値を有した個人を一人の人間として従業員に向き合い、一人ひとりの従業員の主体的な意思決定を促進することが求められている。近年、人的資源管理論領域のテーマとしてダイバーシティ・マネジメントにまつわる諸課題が議論されている。性別や人種、年齢やキャリアに関するダイバーシティ・マネジメントとして、雇用形態の多元化や人事施策の整合性、成果に関する議論が進められている。バーナードの示した人間観、協働と個人の理論を通してそれらの諸課題をみれば、多様な価値の狭間で悩みつつも主体的意思決定を繰り返す従業員に真正面から向き合い、彼らの能力を活かしていくという人事管理の本来的プロセスの重要性が改めて浮かび上がってくるのである。

（庭本 佳子）

注

（1） バーナードにおける人間の行動と知識に関する議論に関連して、Barnard（1950）の議論を踏まえて庭本（一九九一）や庭本（二〇〇六）では、人間の行動の動態的プロセスが行為、知識、判断からなる螺旋モデルとして提示されている。

（2）　三戸（一九七七）は、物的・生物的・社会的存在でありながら、かつパーソナリティを持ち複雑な動機を持って協働する存在としての人間を全人仮説と表し、バーナードの示した動的全体としての人間観を高く評価している。

第五章　人間の幸福と社会
──P・F・ドラッカーの社会生態学──

一　社会生態学

人間社会への眼

二〇世紀中葉から二一世紀初頭にかけて、幅広い分野で言論活動を行ったドラッカーは、主としてマネジメント関連の著作において名を残しているが、一連の論述においては、経営を取り巻く人間社会を執筆上の念頭に置いていた。いずれも「紙上の解説」（W・バジョット（Walter Bagehot））ではなく、経営を人間活動から観察し、読み手のプラクティカル・マインドを触発する意図を持つ著作群だった。

その点において、ドラッカーの主たる関心は、自らの言う「社会生態学」（social ecology）にあったともいえる。当のドラッカーも、社会生態学について細目的な手順を示したわけではないものの、常時採用され手になじんだアプローチであったことは間違いない。彼は社会生態学について次のように述べている。

「経済については随分書いた。しかし、けっして経済学者ではない。歴史についても随分書いた。しかし、歴史家ではない。政府や政治についても書いた。しかし、政治学者として世に出たものの、とうの昔にそうではなくなっている。しかも私は、今日的な意味での社会学者でもない。

だが、自分が何であろうとしてきたかは十分承知している。はるか昔から承知している。私は『社会生態学者』だと思っている。ちょうど、自然生態学者が生物の環境を研究するように、私は、人間によってつくられた人間の環境に関心をもつ」（Drucker 1992b, p.441, 翻訳書、一九九頁）

社会生態学とは、自然生態学者が自然をありのままに観察するごとく、社会を全体からありのままに観察するアプローチである。しかも、ドラッカーの著作におけるその淵源は古く、第一作『「経済人」の終わり』にまでさかのぼる。同書における全体主義の批判的分析以降、『産業人の未来』、『変貌する産業社会』、『断絶の時代』、『ポスト資本主義社会』など主に政治社会リポートを中心としたスタイルに特徴がある。

いずれもが人間社会の崩壊を阻止し、その保存を旨としつつも、適切な刷新を継続的に行い、変化の機会領域を世に広く示す役割を果たした著作群であり、ドラッカーの観察者としての技量がいかんなく発揮されている。経営関連の著作より概して人間社会と歴史考察への力点を特徴としつつも、時には文明史的といってよいビッグ・ピクチャーを備えている場合さえある。

社会生態学者ドラッカーは理論や分析よりも、観察と知覚によって人間社会をトータルに捉えようとした。後に触れるように、そもそもドラッカーは社会生態学を科学とはせず、分析より知覚に基礎を置きつつ、総体としての形態を取り扱う体系としている。初期著作からナチズムの持つ欺瞞性暴露などは、ドラッカーの観察者の腕を見事に表現して余るものとなっているが、ドイツ時代の彼の職業が『フランクフルター・ゲネラル・アンツァイガー』紙記者、即ちジャーナリストであったこと、そして、渡米後一九四三年以降にはGM、GE、IBM、P&G等のコンサルタントであった事実は、彼が現実社会との対話の中で観察者としての技量を意識的に研ぎ上げてきた背景を物語っている。

本章では、社会生態学的著作において見出すことのできる、ドラッカーによる人間社会とその幸福観を明らかにしていくことにしたい。

初期著作で示された主題——産業社会の観察——

ドラッカーは社会生態学を自身による純粋な独創ではなく、早い時期から、ロールモデルとなる先駆者が存在したことにも言及している。晩年の論文集『すでに起こった未来』の「ある社会生態学者の回想（Reflections of a Social Ecologist）」と題する最終章において、自らの観察者人生を振り返っている。冒頭で、ドラッカーは社会生態学者の先駆者として、アレクシス・トクヴィル（Alexis de Tocqueville）、ベルトラン・ド・ジュヴネル（Bertrand de Jouvene）、フェルディナンド・テンニエス（Ferdinand Tönnies）、ゲオルク・ジンメル（Georg Simmel）、ヘンリー・アダムズ（Henry Adams）、ジョン・ロジャーズ・コモンズ（John Rogers Commons）、ソースティン・ヴェブレン（Thorstein Veblen）に加えて、イギリスの政治評論家ウォルター・バジョット（Walter Bagehot）を特筆している（Drucker 1992b, p. 442, 翻訳書、三〇〇頁）。

とりわけドラッカーがバジョットを評価したのは、特定のイデオロギーによるのではなく、人間社会の現実に敏感な、現状認識を得意とする観察の達人としてであった。

バジョットは、一九世紀イギリスの政治経済社会の文脈を総体として関連づけた著作を残したジャーナリストでもあった。いわゆる時代のコンテクストを重視する立場から、イギリスの金融界や憲政などについての観察と記述を行っている。

「その気質、思考、手法において私に最も近いのは、ヴィクトリア朝時代のイギリス人、ウォルター・バジョットである。一八七七年に五一歳で亡くなったバジョットは、いまの私と同じように、一つの大きな社会変革の時代を生きた。彼は、新しく生まれた公務員制度と内閣政治を民主主義の中核ととらえ、銀行制度を経済の中心としてとらえた」（Drucker 1992b, p. 442, 翻訳書、三〇〇頁）

では、社会生態学者ドラッカーの主たる観察対象は何であったのだろうか。

すでに指摘したように、第一作『「経済人」の終わり』における主たるアプローチとして、一九三〇年代の政治的破綻が取り扱われている。同書はドイツの全体主義分析であるが、最も早期にナチス隆盛の起源論に論及した著作でもある。同書でドラッカーはH・アレント（Hannah Arendt）を引き合いに出し、実際上最初のナチズム分析であった点を強調し、いささかの自負とともに次のように述べている。

「ハンナ・アレントは、一九五一年に『全体主義の起源』を発表した。思想史として傑出した著作であり、感動的とさえいえるものである。しかしそれは、もっぱらドイツ古典哲学の形而上的体系の衰退と崩壊を中心に論じたものであって、著しく非政治的であり、反政治的でさえあった。アレントはヨーロッパ、特にドイツの知識人の最大の弱みとして、現実の社会および政府に対する軽侮の念と、権力および政治プロセスに対する無関心を指摘した。だが、アレントも、自身が指摘する傾向の例外ではなかった」（Drucker 1939, p. xxviii, 翻訳書、二七六頁）

同書の特徴は、ドイツでのナチズム観察に伴う生々しい政治リポートであるとともに、社会における権力の正統性や世論形成などのアクチュアルな政治社会的課題に刺激的問題提起を含んでいる点にある。いわば、「人間によってつくられた人間の環境に関心をもつ」社会生態学者としての本領をなす観察姿勢である。

同様の観察態度は、次作『産業人の未来』においても継続的に採用され、企業を政治的・社会的制度とする産業社会の到来を克明に捉えている。後に『変貌する産業社会』、『断絶の時代』、『ポスト資本主義社会』等の文明的視座にまで同様の観察手法は視野を拡大して継承されている。

第二作『産業人の未来』は、アメリカ大企業の観察から、産業社会の基底的条件の理解を試み、第二次世界大戦後の世界への大胆な展望までもが行われている。ドラッカーの理解によれば、エドマンド・バーク（Edmund Burke）をはじめとする英国保守主義における常識を踏まえ、①地位（status）、②機能（function）、③正統性（legitimacy）という三つの条件によって社会生態は成立すると考える。

同時にそれは厳しいナチズム批判を包含する「闘争の書」ともなっている。ナチスが政治社会的に不適と解された理由として、社会生態の成立に伴う要因が国家社会主義への一元的収斂と、それに伴う社会生態への破壊作用が指摘されている。『「経済人」の終わり』と『産業人の未来』は論述内容において強い連続性を認めることが可能であるが、ヨーロッパ社会における維持と刷新の問題意識に貫かれている。

以後の著作でドラッカーは本格的に企業経営に焦点を当てていくことになるが、それらもまた社会生態学の一部であったと見てよい。ドラッカーの経営学は人間社会全般を対象としている点に特徴を持ち、やがては考察対象も企業に限らず、ＮＰＯ、教会、大学などに拡大していったのも、広く社会生態的視野に依拠している。

二　幸福についての見解

公共の利益

ドラッカーがジャーナリストであり、コンサルタントであった経緯はすでに述べたが、特に一九三〇年代ドイツからロンドンを経て、アメリカに渡ってから、巨大株式会社へと関心が向かったのはそのキャリアからも自然であったと見られる。先のバジョット同様に、政治学、経済学、統計学、社会学、文学、哲学、美術、歴史など幅広く学び、かつ教えることで、観察上の視座を旺盛に取り入れつつ、大企業を中心的な社会的制度として捉えていく。

社会的制度としての企業の役割が最初に指摘されたのは『企業とは何か』であったが、その中で、古典派経済学者の想定する理論が現実の企業を十分に説明していない点に思いが及ぶようになる。

経営をめぐる代表的著作に『現代の経営』がある。同書は、組織、市場等の経営現象を検討しながらも、経営方法の提示にとどまらず、結論において、概略二点の重要な主張を行っている。第一は、企業が公益に資する社会的な制度であること、第二は、古典派経済学の世界観では企業の現実を十分に説明しきれないとした点である。

「マネジメントは、その卓越性のゆえに権威による権限をもついかなる分野、即ち責任をもつべきいかなる分野においても、その責任を公益に基づいて果たさなければならない。事業にとってよいことは国にとってもよいことであるとの考えは、アメリカ経済全体に関わりをもつ大企業については事実上正しいかもしれない。しかし、そのような考えを基礎としてはならない。

なぜならば、たとえマネジメントの権威が自らの卓越性に由来するものであったとしても、その権威を権限として行使できるのは、あくまでも公益を基礎とするときだけだからである。事業にとってよいことであるか、あるいは経済全体にとってよいことであるかさえ関係のないことである。

最も重要な結論は、社会のリーダー的存在としてのマネジメントの社会的責任とは、公共の利益をもって企業の利益にするということである」(Drucker 1954, p. 390, 翻訳書(下)、二七七頁)

右記引用で企業を社会的リーダーと目し、ドラッカーが公共の利益における社会的責任をも明確に意識していた点が示されている。

『現代の経営』が経営の提言書にとどまらず、社会生態学との関係で意味を持つのは、右記引用にあるように、人と社会への信条が表現されているためである。同結論のタイトルは、「マネジメントの責任」である。責任の観念はドラッカーによる経営学関連の著作でも最も重要な部分と考えられ、『マネジメント──課題・責任・実践』の副題にも見ることができる。

古典派経済学批判

次に幸福観を見ていくならば、まず指摘しておくべきは、ドラッカーは幸福を直接的な検討対象とするにあたって極めて慎重であった事実である。

その文献において幸福を直接的に討究対象とした箇所は極端に少ない。理由としては、幸福の直接的把握の試みそれ自身が、個の内面の責任と自由のいきいきした諸関係を減退させる危険に思いが及んでいたためであろう。それは安易に定義すべきものではなかった。

では、彼は幸福に関心を持たなかったのかといえば、むろんそうではない。かえって幸福への強い関心のために、その直接的討究に限りなく慎重たらざるを得なかったと見るのが妥当であろう。同様の観点からすれば、幸福への論究は、その実現をめぐる社会生態的衛生要因の議論として立ち現れてくる。

同様の点は『現代の経営』で比較的明瞭に表出されている。ドラッカーによる古典派経済学批判を見ていくことで自ずと明らかになるはずである。

古典派経済学における幸福観念は、J・ベンサム（Jeremy Bentham）の「最大多数の最大幸福」において定式化されている。一般にある行為の成否をもたらす快楽の純増をもって幸福を判断する快楽学説としての功利主義である。

ドラッカーは、そのような功利主義は、自らの依拠する社会生態学とは本質的に異なるものと理解している。

ベンサムは近代の実証主義的法思想の定礎者であるとともに、ドラッカーにおいては、R・デカルト（René Descartes）、J・J・ルソー（Jean-Jacques Rousseau）に並ぶ最大の論敵としてよく、近代合理主義の極端な戯画的表現として理解されている。その背後にはT・ホッブズ（Thomas Hobbes）以来イギリスにおいて盛んに議論されてきた「人間は何によって動くか」に関する原理的考察があった。ベンサムによる快楽学説は人間理性を超越した点からの一義的言明にほかならず、極端な合理主義のもたらす破壊作用としたうえでドラッカーは次のよう述べている。

「一七七六年当時、イギリスの政治で脚光を浴びていたのはバークではなかった。W・ピットでもなく、W・ブラックストンでもなかった。アダム・スミスでもなかった。それは、最も危険なリベラルの全体主義者、まさに世界のために世界を奴隷化すべく無数の計画を練っていたJ・ベンサムだった。ベンサム自身が、自らの社会理論の一環として、一人の看守が一〇〇〇人の囚人の行動を常時監視できる刑務所を設計したことは、たんなる興味に属する余技ではない。そして当時、進歩的で科学的とされていたのは、妥協と分権という時代遅れの一六八八年の理念に立つ者ではなく、ベンサムだった」（Drucker 1942, p. 163, 翻訳書、二二〇頁）

右記引用からも、ベンサムによる功利主義学説を一元的な覇権主義に直結する謬見としたドラッカーの所見を窺うことができる。ベンサムの前提にある快楽学説によれば、人間の行動は快楽と苦痛に依存し、二要因によって行動が律せられるのみならず、同時に正邪の判断基準としても作用するとされ、「自然は人類を二人の最高の主人、即ち苦痛と快楽の支配下に置いた。人間が何をなすべきかを指示し、また人間が何をするかを決定するものはただこの二人の主人だけである」とされる（ベンサム、一九六七、八一頁）。

このような一元的検証と正当化の立場をとる場合、判断や命題といったものは予め決定された手続きに従って分析され、疑い得ない根拠に還元されるまでは正当とはされない。反対にいえば、一元的正当化を経た原理に依拠しないあらゆる形成物は、即ち不合理を意味せざるを得ず、このドグマこそ一八世紀後半の急進主義的論者が探し当てた「危険なリベラル」の知的系譜であるとドラッカーは理解する。

社会生態学からすれば、ベンサム流合理主義は人間社会の現実に照らして明らかな倒錯であり、現実的説明力や妥当性を持ち得ない。功利主義、即ち最適化の基準たる最大多数の最大幸福はその先駆けであり、古典派経済学に一貫して批判的であったのはそのためである。かくして古典派経済学は慣習やルール等の社会生態的プロセスを経て生成した秩序に意味を付与し得ないと理解されている。その脱却への期待は『現代の経営』にも看取可能であり、古典派的基本認識としてのB・マンデヴィル(Bernard de Mandeville) 批判とアメリカへの希望で結ばれる点に明瞭な像を結んでいる。

「五〇年前、マンデヴィルの思想は、今日のヨーロッパと同じように、アメリカにおいても完全に受け入れられるところとなった。しかし今日、アメリカでは、公共の利益が企業の利益となるようマネジメントせよという、マンデヴィルと反対の思想が、一般的とまではいかないまでも可能になっている」(Drucker 1954, p. 392, 翻訳書(下)、二七九頁)

マンデヴィルについての指摘は、「私的悪徳は公共の善」、即ち、私的な欲求を最大限追求したときに、結果として公共の利益が達成されるとした点を指している。しかし、ドラッカーはそれが正統性を創出しないと指摘する。というのは、私人の悪徳を基礎とした場合、自由と責任ある社会、さらには徳性と倫理による社会は保障され得ないと見るためである。

古典派経済学の抽象的な前提と比較して、ドラッカーは人間社会の現実から考えている。公益が私的な利益や貪欲に基づくとき、物質的にはともかく、社会を構成する中心的精神(正統性)は保持不能となる。精神の腐敗した社会は反対から見れば、極めて脆弱な正統性しか持ち得ない社会であって、心なき肉体同様に、ドラッカーが三〇年代にドイツで目撃したナチズム全体主義社会を思わせる譫妄状態とも容易になり得る。

社会生態学とは、social ecologyであり、「社会」の「生態」についてのアプローチである。社会とは、人間の頭脳の働きで知的に構造化されるより前に、本来理論やイデオロギーのない、自律的な生態系である。先に触れたバジョットは市場の観察者として、産業革命以後、一九世紀には小規模ながらも生産組織が現れるようになり、一元的な市場原理とは別に、社会の必要に矛盾することのない慣習やルールの形成を指摘している。バジョットは同様のメカニズムを『ロンバード街』で提示し、ドラッカーもまた、ロンドンの金融市場の事例を用いて、「慣習のかたまり」(a cake of custom) の集積が二〇世紀文明の中心と指摘している。

同様のプロセスは、ドラッカーの経営学が、たんに企業経営学の一アプローチというにとどまらず、産業社会における企業の持つ社会生態学に着目した言説であったとも理解可能であろう。同時に、ドラッカーの主張点が「マンデヴィルと正反対の思想」であった点をも示している。

三　知識社会と教養ある人間

晩年の著作と知識についての見解

晩年のドラッカーは、個とマネジメントを関連させる発言を盛んに行ったが、まさに、社会生態学者としての責任遂行を放棄しなかった一つの証左とも見ることができる。では、人間社会において幸福の衛生環境向上のポイントをドラッカーは何に定めていたのだろうか。

彼は、とりわけ一九九〇年代、非営利組織や社会的組織への言及を盛んに行っている。そのことに並行して社会生態における最小単位、即ち個についての発言が活発に行われている点は注目に値しよう。一九九二～九三年には、社会生態学を直接取り扱う論文集『すでに起こった未来』と資本主義

「後」の文明社会展望を意味する『ポスト資本主義社会』を出版するなど旺盛な知的生産性を示してもいる。むしろ晩年の九〇年代以降に執筆された一連の著作は、ドラッカーにとって社会生態学をめぐる最充実期にあった事実を示しているであろう。

反対にいえば、一九五〇年代から経営問題に本格的に着手したドラッカーにとって、個は長い間未着手の分野であったともいえる。ただし、『現代の経営』や『マネジメント――課題・責任・実践』が今も新しい読者によって読み継がれているのに対して、『ポスト資本主義社会』などは刊行当時は話題になったものの、現在さほど読まれているようには見えない。しかし、社会生態学的著作としての本書は、二〇世紀後半から二一世紀にかけての文明史的展望が大胆に提示されており、資本主義的枠組みを越えた野心的な視野をそこに見ることが可能である。同様の観点からすれば、同書は社会生態学的知の結集というべき威容を備えており、知識社会を総合的に理解するうえで、重要な著作である点を強調しておきたい。

『ポスト資本主義社会』のみならず、他の社会生態学的著作で、例外なく言及されているテーマが教養である。指摘されることは少ないながらも、教養は社会生態学の中核をなす領域の一つである。その理由は、教養が、個をめぐる知的再生産の核である点に加え、幸福を考えるうえで、一九世紀的な合理主義思想を超克する象徴的役割を保持していたためであろう。

『断絶の時代』や『ポスト資本主義社会』で主張される知識社会への認識は、人間が個として、あるいは社会的存在として生きるうえでの基本的視点を供している。それは個をめぐる社会生態学上の課題でもあり、社会生態学者のなすべき仕事について、次のように述べている。

「社会生態学者の仕事について言えることは、変化が世の中に与える影響に焦点を合わせなければならないということである。社会生態学者の目的は、単なる知識の獲得ではない。その目的とするところは正しい行動である」(Drucker 1992b, p. 454, 翻訳書、三一九頁)

個としての人間は、知識の唯一の保持主体であり、価値観、信条、経験、人格などあらゆる精神的要因が包摂されている。しかも、個として保持し得る知識は専門的であるほどに狭く、全体のごく一部であり、単独で用をなすことは困難である。したがって、他者の保持する異なる知識を変化の焦点に合わせる必要が生じる。それなくして、「正しい行動」のために知識を用いることは不可能とする。

一例を挙げれば、経理についていかに高度な知識を保持しようとも、それのみでは成果を得ることは難しい。他の知識、例えば、営業、プロモーション、コンテンツ制作、デザイン、進行管理などと連携することで、経理の活動は生産性の観点から意味を持つ。あるいはデザイナーが広告を制作するに際して、イラストやコピー、ロゴ、フォトなど、さまざまな要素の発案や創出に通暁しつつ、同時にコンピュータ等のスキルを通して、最終的にはクライアントの要望に沿う広告に仕上げていくプロセスにも類比可能であろう。

社会の主たる価値領域が知識によって担われるようになると、応答すべき主体は、個に付託されざるを得ない。しかし他方で、人がひとたび獲得した知識は、個の単位から社会の必要領域へと適用されなければ意味を持ち得ない。獲得された知識は、電気に似て、孤立化すると必要を充足できないため、多様な組織を経由して増幅的に成果に適用されなければならない。

知識社会における新しい経営の展望もまたそこに示されているであろう。

知識をめぐる個の自由と責任

ドラッカーが理想とする知識社会の生産主体としての人間像は教養ある人間として提示されている。教養ある人間は知識社会の担い手となる資質を持つ人間像であるが、その性格づけは自由と責任ある者に具現化されている。『ポスト資本主義社会』最終章冒頭でドラッカーは次のように総括する。

「本書は、人間が住み、働き、学ぶ環境を扱ってきた。人そのものについては扱ってこなかった。しかし実は、われわれが向かっている知識社会の中心は人である。

知識は、通貨のような物的な存在ではない。知識は、本やデータバンクやソフトウェアの中にはない。そこにあるのは情報に過ぎない。知識は、人の中にある。人が教え学ぶものである。人が正しくあるいは間違って使うものである。それゆえ、知識社会への移行とは、人が中心的な存在になることにほかならない。したがって知識社会への移行は、知識社会の代表者たる教養ある人間に対し、新しい挑戦、新しい問題、さらにはかつてない新しい課題を提起する」（Drucker 1993a, p.

210, 翻訳書、二六五頁)

右記引用では、知識社会の人間に伴う展望が豊かに示されている。それは『断絶の時代』などですでに克明に描写されている、知識に伴う自由と責任を担う人間観である。行動のための知識、成果のための知識を持って新しい挑戦、新しい問題、あるいは、かつてない新しい課題を引き受ける責任ある個である。

個をめぐる自由と責任の課題とは、不幸を回避する原理として有効であろうし、もしくは人口に膾炙した表現を用いれば、「やりがい」、「達成感」、「充実感」などとして、個の幸福感や自尊感情を内面から賦活する要因と見なすことも可能であろう。

では、彼はなぜ晩年にあって知識をめぐる個を問題にしたのか。最後にその課題について考えてみたい。

個を社会的に意味あるものとし、その幸福を高める知識の用い方として、ドラッカーによる二つの観念が意味を持つ。

第一に、知識を保有する個にとっては、人々から幅広く信頼を得て、敬意を喚起し得るだけの品性の高潔が従前にも増して求められる。知識を私物化したり悪用したりせず、公益に役立て得るのは、最終的には個の責任や倫理観以外にない。ドラッカーはインテグリティと述べるが、他方では、古代よりの医師の倫理である「ヒポクラテスの誓い」に類するものとして、知識社会の成員における究極の責任原理とドラッカーは考えていたようである。

第二に、社会に伴う秩序の形成要因として、ドラッカーが示すのは、強みの活用である。強みとは、個と社会の調和ある発展の中で、最も重んじられる個の生産的原点を示す。彼は社会生態を構成する個の中にある最高の資質を社会的に開発すると同時に、公益に向けて増大させ得ると考えた。マンデヴィルの「私的悪徳は公共の善」に対置し得る「個の強みは公共の善」である。強みとはやや漠とした概念であるが、知識社会において最も精力的に活用すべき最大の資源とドラッカーは見なしている。

ドラッカーは晩年の『明日を支配するもの』において、個の強みの働きに注目し、二一世紀の知識をめぐる社会生態を形成していくべきとしている。強みと知識との間に極めて濃厚な対応関係が示されてもいる。強みも知識も、社会生態の中で貢献に変換して初めて意味や価値を獲得するのであり、繊細な節度を持って制御されなければならないためである。

四　人間社会の幸福を目指して

本章を締めくくるにあたって、ドラッカーにおける人間と社会について整理しておきたい。ドラッカーの業績については、経営関連の検討が本格化する一九五〇年以降が中心的になされてきており、経営や組織等に強い関心が向けられてきた。

しかし、企業経営の中心をなす『現代の経営』から『マネジメント――課題・責任・実践』までの著作においても、丹念に見るならば、社会生態における人間と社会の相互作用における充足と調和は十分に取り扱われている。このように理解することで、ドラッカーにとって、人間と社会が経営学の基本視座とされているとともに、広義の社会生態学的課題として統一的に把握されていた可能性も見えてくる。同時に、マネジメントもまたドラッカーの幸福観を見る上での重要なアプローチの一つであったとも理解できよう。

ドラッカー自身は現在の高度な知識社会の本格化する直前で世を去った。知識や技術の持つ社会に対する破壊作用を懸念しつつ、インターネット、SNS、AI等によって事実上世界が高度な情報システムと化する状況までは目にすることがなかった。彼が生きたのは「破局のカタログ」(シュテファン・ツヴァイク(Stefan Zweig))の時代であって、関心はあくまでも二〇世紀的現実に準拠した展望にあった。

ドラッカーによる幸福観念とは、近代的精神が人間社会の発展に果たした積極的肯定の響きも重奏的に聴き取れるものの、やはり二〇世紀以降に噴出したその否定的側面の危機認識によって力強く支持されている。

自伝的著作『傍観者の時代』において、自らがフランクフルト大学の拡大教授会で目にした場面を記述してもいる。ナチス・コミッサールが大学に暴力的に押し入った事件に端を発し、結果としてユダヤ人教員の解任と追放が一方的に宣言される中、精神的自由の表現である学問の府を根底から蹂躙する蛮行に対し、同席した著名な生化学者は、研究費の増額についての形式的質問しか口にし得なかったと記述される（Drucker 1979, pp. 161-162, 翻訳書、一八八頁）。ドラッカーはかかる知識人の裏切りをナチスそのものの罪よりも重く見て、「無関心の罪」として同書で糾弾するが、その点は、ドラッカーが知識の保有は独占的権利を賦与するのではなく、かえって社会から付託された重い責任と解釈した表れと認められる。

知識人の裏切りの問題性を、第二次世界大戦後のアメリカで、ドラッカーはたびたび目撃したとし、とりわけ私的利益増進のために高学歴保持を志向するＭＢＡホルダーには露骨な不快感を表明してもいる。ドラッカーの認識によれば、高等教育とは社会からの責任の付託と同義であって、責任なき幸福追求を虚妄と見なした。

いずれの著作においても、彼の関心が一貫して人と社会の自由と責任にあったことは明らかである。それは新たな知識社会には新たな経営学が必要とされているとの問題意識をも示している。

（井坂　康志）

第六章　組織の中の個人
――行動科学の発展――

一　行動科学と経営学の接点

社会科学の世界では、二〇世紀に入って起きた大きな変化がある。それは社会現象の研究と解明のために自然科学分野から発達した研究方法を採用する動きである。その方法は現象を観察し、正確に記述し、その現象がどのように発生するのか説明可能な仮説や仮説的理論を開発する。さらにはその仮説の正確性を検証するために実験やデータを収集する方法を採用する。この動きは社会科学の一つである経営学にも影響を及ぼす。

経営学において「人間は何を求めて行動するのか」という問いは尽きることなく議論されている。人間が求めるものを解明すれば、それを誘因として提示することで人間を管理できるという発想も成り立つ。その誘因が金銭、良好な人間関係、承認、自己実現と認識され、モチベーション管理として理論化が意図される。特に一九六〇年前後の行動科学において盛んに議論がされている。本章ではそのうした行動科学の中で検討されてきた諸研究を通じて、組織の中の個人とはどのような存在なのか考察していく。

行動科学の登場

一九四〇年以降、社会科学の学問領域の文化人類学、心理学、社会学のあいだに存在する学問上の境界線を打破する動きが見られる。それが、行動科学（behavioral sciences）である。行動科学は広義には人間の行動を研究するすべての学問の総称となるが、特に行動科学の革新的は次の点にある。社会科学の境界線を取り除くことおよび人間の行動の研究について学際的（interdisciplinary）な方法をとる。

一九五〇年頃になるとこうした学際的アプローチは行動科学と名付けられ、その普及に尽力したのがフォード財団（Ford foundation）であった。当時のアメリカ合衆国は冷戦体制に突入しており反社会主義を強調するあまり社会科学と社会主義が混同されるといった事態（マッカーシー旋風）もあり、社会科学に代わる名称としての行動科学という意味合いもあった。社会主義者のレッテルを貼られた場合は資金援助の停止のみならず逮捕される危険性もあり、名称変更とはいえ緊急課題であったのである（菊野二〇〇九、四一頁）。

フォード財団は一九五〇年のアニュアルレポートの前書きで、「人間の行動に影響を与え決定する要因についての知識を深め、個人や社会に最大限の利益をもたらすためにその知識を広めることを目的とした科学活動を支援する」と宣言し人間行動（human behavior）に関する研究プロジェクトを開始する。翌年一九五一年のレポートの中では行動科学（behavioral sciences）の表記が登場するに至る。さらに一九五三年にはフォード財団の支援にてスタンフォード大学に「行動科学高等研究センター」が設置され、同時期にフォード財団が「行動科学研究計画」を立て潤沢な研究費を付与し行動科学の発展を促進することになる(1)。

行動科学とはどういったアプローチなのか

行動科学はシカゴ大学心理学者ジェイムズ・G・ミラー（James G. Miller）が一九四九年に使用したことに始まるとされる。ミラーは一九四九年以来、歴史学、人類学、経済学、政治学、社会学、社会心理学、心理学、精神医学、医学、生理学、数理生物学を含むさまざまな社会および生物学の専門家が集まり、行動のあらゆる側面を包含する理論を開発する試みが行われてきたと説明する（Miller 1955）。バーナード・ベレルソン（Bernard Berelson）は、行動科学は人類学、心理学、社会学を主要な領域としながら、政治学、地理学、経営学、経済学、生理学、神経学などを含むとし、人間行動に関する一般的法則を発見するために科学的知識や技術を提供するあらゆる領域を行動科学に含むと説明する（ベレルソン 一九六二）。特徴をまとめると次のようになる。①専門分化した社会諸科学が共有できる一般的な理論構築を目指す。②既存の理論がある領域に対して別の角度から接近し新理論の構築を目指す。③研究課題の解明、解決のために専門が異なる研究者が共同研究を行う。④さまざまな学問領域の視野を採用することで問題意識自体を変革することも含む。

行動科学のもう一つの特徴が、記述科学（descriptive science）の性格を持つことである。記述科学とは自然現象を観察して、その特性を記述し、これによって対象の分類を行うことを主とする科学のことである。一般的な説明であると、記述科学には古典的な動物学、植物学、鉱物学などの多くの専門領域が該当する。それに対して事物の説明を主な目的とする科学の総称として説明科学がある。説明科学の代表は物理学・化学などである。記述科学における記述（description）とは、組織における人間の行動現象を単純にありのままに記述することではない。現象の記述だけでは科学になり得ない。記述科学としての行動科学の目的は、組織における人間の行動現象に関する科学的な説明と予定（prediction）を描き出すことである。その際に予定は、予測（forecasting）とは異なることに注意しなくてはならない。予定とはある条件が存在する場合に、どのような行動現象が生ずるか確定したものとして扱われる。予測とは現時点から将来のある時点に何が起こるかを推測することを意味する。予定は予測とは異なり法則性を持つ。記述科学は説明の妥当性を経験的に検証することに特徴がある。記述科学に基づく理論は、論理実証主義の立場をとる。

行動科学研究の推進の背景

一九六〇年代以降のアメリカ経済は国内的・対外的に大きな動揺を示した。一九六〇年代前半は経済成長が順調に推移しながらも五％を超える高い失業率を示していた。さらに一九六〇年代後半に入ると赤字財政とインフレ基盤の上に一九六五年以降のベトナム戦争本格介入による軍事支出の増大、偉大な社会（Great Society）建設のための福祉政策による財政支出の急増も加わる。この時代においてアメリカの労働生産性は低下の一途を辿る。

アメリカ経済において労働生産性の低下、ストによる損失日数の増加、無断欠勤の増加、サボタージュ・労働移動の増加、身体的・精神的健康問題、家庭不安、麻薬・アルコール中毒などの諸現象の根源は職務不満である。その不満を取り除くために従業員の責任の範囲の拡大、自律性の増大、職務の再編成などが必要と報告された（オトゥール　一九七五、岩出　一九八九、一〇八―一一三頁）。この職務再編成の理論的基礎にあったのが一九六〇年代以降の行動科学であった。

人間関係論から行動科学へ

現実社会における組織の中の人間を観察するとその価値観は多様である。仕事に対して努力する人がいる一方で、仕事に冷淡で無関心な態度をとる人もある。現実の企業組織において、このような事態が生じているのはなぜか。組織の中の人間とは現実には雇用関係にある従業員であり、従業員を動かす要因を見つけることが管理上の課題となる。経営学史においても経営者や経営学者らの研究成果が残される。その一つに人間関係論における社会人モデルがある。行動科学は後期人間関係論と呼ばれることもあるため人間関係論の限界を指摘しつつ行動科学の内容に入ろう。

一九二四年に始まるホーソン・リサーチ（Hawthorne Research）は経営学史研究において人間関

係論を生み出す巨大な研究の場となった。ホーソン・リサーチとAT&T社傘下のウェスタン・エレクトリック社のホーソン工場での調査研究である。この調査研究は一九二四年一一月から一九三二年五月まで行われ、研究内容および参加者も多岐にわたる。調査の前半ではテイラーの科学的管理法を理論的な前提とし、照明条件と生産性の関係について研究がなされた。しかし思うような研究成果が得られない中、調査途中から関与したメイヨーを中心とする研究グループによって人間関係と生産性の関係があることが発見された。これが人間関係論として展開される要因となった。そして最も包括的な報告書が一九三九年にレスリスバーガーとディクソンにより提出される。(2) このホーソン・リサーチにはさまざまな研究者が参加し、生理学、心理学、精神病理学、人類学、社会学など多岐におよび学際的アプローチが採用された。

人間関係論の発見は次のように要約できる。企業組織の中の従業員は経済的報酬の極大化を目指す経済人ではない。快適な物理条件よりも職場集団（clique）の行動規範によって影響される。そのため従業員の生産性は賃金や作業条件によって直接影響されるのではなく従業員の勤労意欲、即ちモラール（morale）によって影響される。従業員は、職場集団における非公式組織の中で所属感の欲求を充足し、その満足感が高ければモラールが高い。従業員の生産性を決定するモラールは従業員の満足度の関数である。これが社会人モデルと呼ばれる人間観である。しかし、人間関係論にも問題がある。①公式組織の軽視、②職場集団への所属感を強調する一方で自分の能力を最大限に発揮し自己成長したいと願う視点の欠如、③モラールが高く職場に満足している従業員の生産性が高いという仮説の反証、これらが欠点として指摘される。特に自己成長については行動科学の中で注目される。

二　行動科学の泰斗たち

人間関係論は経済人モデルでは説明不可能な部分を見いだし、職場集団の人間関係やモラールを重要なものとした。しかし公式組織の軽視、自己成長の看過、モラールの過大評価が問題視された。これらの課題は行動科学の中で克服が試みられる。そうして一九五〇年代以降、公式組織におけるリーダーシップや人間行動に関するモチベーションの研究が隆盛する。一連の研究の中で経営管理の理論や実践に影響が大きかったとされる。代表的な研究にリーダーシップ論ではレンシス・リッカート（Rensis Likert）、クリス・アージリス（Chris Argyris）が挙げられ、モチベーション論ではアブラハム・H・マズロー（Abraham H. Maslow）、ダグラス・M・マグレガー（Douglas M. McGregor）、フレデリック・ハーズバーグ（Frederick Herzberg）らの研究がある。行動科学の研究者を網羅的に検討することは難しく、またここで取り上げる研究者も行動科学が登場する初期のものを中心にしている点は先に述べておきたい。

リッカートの理論

リッカートはミシガン大学社会調査研究所の初代所長であり、一九六〇年代にはミシガン研究と呼ばれる研究成果を出している。この研究はリッカート主導のもとでリーダーシップのパターンに注目し、そのパターンが従業員のモチベーションと生産性にどのような影響を及ぼすか実証的な研究を行った。リッカートはリーダーシップを二つのパターンに分ける。一方を権威主義的システムとし、もう一方を参加的システムとする。権威主義的システムでは専制的で高圧的な管理が行われる。その結果として協力的態度が弱く、信頼感が低く、集団の協力的意欲も低い。集団業績目標は低く設定される。結果的に高い欠勤率と離職率、低生産性と低収益性となると説明される。もう一つの参加的システムでは、支持的関係の原則と管理の集団方式を採用する。この参加的システムでは、上司への協力的態度が見られ高い信頼感のもとに良好な意思疎通がとられる。集団への忠誠心も高く、集団目標も高くなる。結果的に低い欠勤率と離職率、そして高い生産性と低コストで高収益となると説明される。

権威主義的システムと参加的システムの違いは管理の集団方式にある。伝統的組織では部下と上司の関係は個人対個人であり、上司は権限委譲し部下はその責任を負う関係である。管理の集団方式では、意思決定や監督は各管理階層で集団として行われる。集団のリーダーは各集団を結ぶ連結ピン(linking pin)としての役割を果たす。この集団が織りなすのは多元重複集団の組織である。リッカートは企業の性質からシステム的性格を四分類する。システム1を独善的専制型、システム2を温情的専制型、システム3を相談型、システム4を集団参加型として提示する(Likert 1967, 翻訳書、八―二五頁)。

リッカート理論において重要な役割を果たすのが支持的関係の原則である。この原則に基づけば、従業員の欲求は組織の中の集団関係で充足される欲求として認識される。リッカートの考える高次の欲求は集団の中で満たされる承認の欲求として把握できる。ここに自己実現の考え方は見られない。

リッカートは研究方法において人間関係論とは次の点で異なる。人間関係論は臨床的な観察が主要な研究方法であったが、リッカートの時代ではグループダイナミクスやソシオメトリー（計量社会学）が登場しており、組織の中の人間行動を数量的に測定し、測定結果に基づき理論を構成したことに意味がある。組織の中の人間行動の分析手法が観察から測定に変化されたのである。

アージリスの理論

アージリスは行動科学の二大巨頭の一人とされている。アージリスは社会心理学派と呼ばれるのに対して、ハーバート・A・サイモン（Herbert A. Simon）は意思決定学派あるいは情報プロセス学派と呼ばれる（大友 一九六九、一頁）。アージリスは人間行動の理解のために、人間行動を規定する諸因子を三分類し、その相互作用の結果を実際の行動と捉える（Argyris 1957）。第一に個人的因子でありその分析のためのパーソナリティ研究を必要とする。第二に非公式組織の因子であり社会心理学研究を必要とする。第三に公式組織の因子であり課業の専門化など四つの基本原則の理解を必要とする。四つの基本原則とは①課業の専門化（Task Specialization）、②命令の連鎖（Chain of Command）、③命令の統一（Unity of Direction）、④統制の範囲（Span of Control）である。これらは管理過程学派（management process school）の管理原則の一部である。そして三因子の個別分析では人間行動の分析には不十分だとし、三因子が相互作用した第四の水準、即ち組織行動（Organizational Behavior）分析が必要だと指摘する。人間行動をトータルシステムとして把握するために個人、非公式組織、公式組織をサブシステムとしたシステムアプローチを採用する。そして組織行動分析をするためにパーソナリティの分析から出発するのである。そして、このパーソナリティの理解そのものがアージリスの示す人間観でもある。

パーソナリティは第一に複数の要素からなるシステムである。パーソナリティについて要素還元主義をとらず、システムとして捉える。第二にパーソナリティには内部適応（adjusted）と外部順応（adapted）の性質があるとする。内部適応とはパーソナリティが内部的に健康的な状態が保持されていること意味し、外部順応とはパーソナリティと外部環境が調和している状態を意味する。内部適応しながら外部順応している状態のことを統合（integrated）と呼び、さらに統合は停止状態ではない。第三にパーソナリティの成長の性質がある。アージリスによれば、パーソナリティの成長の方向は自己実現（self-actualization）である。自己実現とは内部適応と外部順応をしながら、自己の目的を達成していくことを意味する。各種の欲求を持っている中で、未成熟の存在としての幼児と成熟した存在としての大人を分け、後者を特性づけるのが自己実現である。成長の過程のおいて異質なものに出合った際に統合を維持するために、一つに異質なものを受容し自己概念（concept of self）を拡大する。他方では現在の自己概念を拒否することもある。これを防衛反応（defense reaction）と呼ぶ。

アージリスの理論では人間行動の全体的な把握が想定されている。またアージリスの考える自己実現はパーソナリティの基本的傾向である。パーソナリティ概念に基づく成長する人間の内部適応と外部順応の視点は人間行動の理解としては魅力的である一方で、経営学における人間観としては心理学的すぎるという指摘もある（黒田 一九八〇）。パーソナリティ分析により人間関係論では暗黙の前提とされた感情の論理のメカニズムに分析の焦点をあてた功績は大きい。

マズローの欲求階層説

アージリスと「自己実現」の表現は同じながら別の角度から検討しているのがマズローである（Maslow 1954）。マズローの理論は欲求階層説として知られている。欲求階層説の要点は人間の欲求は階層的な構造をなしていること、そして欲求はまず低いものから現れ、充足されると次の階層の欲求が現れてくることにある。マズローは具体的に人間の欲求を①衣食住などの生理的欲求、②身体的危険の回避、仕事の保障などの安全欲求、③所属と愛の欲求（the belongingness and love needs）、④他人からの評価・承認などの承認欲求（the esteem needs）、⑤潜在能力の実現、創造性の発揮など自己実現欲求（the needs for self-actualization）の五つの階層に分けて、低次の欲求が充足されると、より高次の欲求が現れるとされる。最後の自己実現欲求だけは、その満足がさらにその欲求の強さを増大するとし、人間の欲求には限界はないことを示唆している。

マグレガーのX理論・Y理論

上記のマズローの欲求階層説にある上位の欲求を取り入れて、経営管理の方式に変更を唱えたのがマグレガーである(3)。経営者が意思決定し従業員を管理する際には人の性質・行動に何らかの考えがある。マグレガーはそれまでの伝統的な管理思想にある部分をX理論と呼ぶ。その内容は以下の通りである。①普通の人間は生来仕事が嫌いで、できるなら仕事はしたくない。②この仕事は嫌いだという人間の特性があるために、大抵の人間は、強制されたり、統制されたり、命令されたり、処罰するぞと脅されたりしなければ、企業目標を達成するために充分な力を出さない。③普通の人間は命令される方が好きで、責任を回避したがり、あまり野心を持たず、何よりもまず安全を望んでいる。科学的管理法に示されるような従来の管理は、人間は本来的に怠けるものであり、そのためには統制されなければ努力せず、命令される方が好きで、責任を回避したがるものという考えに基づくとマグレガーは説明する。そうした人間をX理論として提示した。このX理論による管理は高次の欲求による動機が必要な場面では無力だと考えた。X理論についてマグレガーはアージリスの指摘する未成熟な能力と性質に適合すると指摘している(McGregor 1960, 翻訳書、五〇頁)。

そこで重要となるのが自我欲求(the ego needs)である。この自我欲求には二側面ある。一つが「自らを重んじる心に関するもので、自尊心と自信を持ちたいという欲求、自治の欲求、完成の欲求、能力を伸ばしたい欲求、知識欲」などである。もう一つが「自己の評判に関するもので、地位に対する欲求、認められたいという欲求、正しく評価されたいという欲求、同僚からしかるべき尊敬を得たいという欲求」とマグレガーはマズローを参考にしながら説明する（McGregor 1960, 翻訳書、四四頁）。マズローの説明にあった自己実現の欲求が前者で、承認の欲求が後者と把握できる。そこで、人間は本来的に自主性を持って自己の行動を統制できるだけでなく、自らが設定した目標のためには、自発的に努力し責任をとるものであると仮定する新しい人間観に基づく管理が必要だと主張した。それがY理論である。Y理論では①仕事で心身を使うのはごく当たり前のことであり、遊びや休憩の場合と変わりはない。②外から統制したり、脅しかしたりすることだけが企業目標達成に努力させる手段ではない。自ら進んで身を委ねた目標のためには、自ら自分にムチ打って働く。③献身的に目標に尽くすかどうかは、それを達成して得る報酬次第である。④普通の人間は、条件次第では責任を引き受けるばかりか、自ら進んで責任をとろうとする。⑤企業内の問題を解決しようと比較的高度の想像力を駆使し、手練れをつくし、創意工夫を凝らす能力は、大抵の人に備わっているものであり、一部の人だけのものではない。⑥現代の企業においては、日常、従業員の知的能力はほんの一部しか生かされていない。

マグレガーによればX理論もY理論も同時に存在する可能性があり得る。生理的欲求と安全欲求を満たす手段は経営者のさじ加減であり、雇用関係それ自体が欲求充足の手段である。賃金、作業環境、福利厚生も同様であると説明する（翻訳書、四八頁）。X理論による組織づくりの中心原則は権限行使による命令・統制である。いわゆる階層原則である。一方のY理論によれば統合の原則ということになる。ここでの統合とは企業目標と従業員個人の欲求を調整することである。この二つの原則は従業員管理の場面では大変な違いとなる。

マグレガーは高次の欲求を社会的欲求（the social needs）、自我欲求（the ego needs）、自己達成・自己実現欲求（the needs for self-fulfillment/self-actualization needs）と表現している。この点はマズローとは異なる点にも注意したい。またマグレガーのマズローへの理解は初期の文献のものであり、その後の展開を踏まえていないと指摘されている（近年のマズロー研究では山下 二〇一九、および三島 二〇一五、がある）。

ハーズバーグの動機づけ・衛生理論

ハーズバーグは、ピッツバーグのいくつかの会社の技術者や会計士の集団を対象に、職務満足あるいは不満足をもたらす要因について行った面接調査研究に基づいて、「動機づけ—衛生」理論を提唱した。人間には二種の欲求、苦痛を回避しようとする欲求と精神的に成長しようとする人間に特有な欲求があり、前者の充足は不満足感の減少に、後者の充足は満足感の増大に結びつくものと考えた。前者を衛生要因とし、後者を動機づけ要因とし、まったく異なる種類の要因であると指摘した。こうした考え方の根底には二つの人間観がある。前者はアダム的人間＝動物的存在、後者はアブラハム的人間＝人間的存在に基づく考え方である。ここでのアダムとは、エデンの園から追放され、苦役から逃げる存在の象徴として扱われている。またアブラハムとは神から完全な者になることが求められ、成長する存在の象徴として扱われている。

この仮説から職務満足感と不満足感とを決める要因が、同一次元にある欲求の充足と欠如にあるのではないかとハーズバーグは考えた。前者を導く要因は、仕事での成功、成功に対する他者からの承認、仕事そのものへの興味、責任、昇進など職務内容に関連するものと説明した。そして後者へ導く要因は、会社の政策と管理・監督技術、給与、人間関係、作業条件など職務環境に関連するものであると説明した。職務不満足感へと導く要因をいくら除去しても満足感には至らないとした。

そして業績向上に向けて動機づけていくためには職務満足感へ導く要因の充足が必要だと主張し、その内容は物質的欲求よりも精神的欲求の充足に動機づけの基本を据えて考えた。その中でも注目すべきは、精神的成長の機会を提供する「動機づけ要因」を組み込む形での職務の再設計である。個人の高次の欲求の観点から仕事を有意義化するという考えとなる。ここでは職務充実(job enrichment)を求める一方で、単純な職務拡大(job enlargement)や職務交代(job rotation)などは成長の機会を奪うものとした。職務充実では職務内容の高度化が求められる一方で、職務拡大では断片的な職務が追加されるに過ぎないと指摘する。

ハーズバーグの貢献はマズローであれば五段階の欲求概念を、動機づけ要因と衛生要因に集約したこと、そして動機づけ要因のために職務の再設計が必要であるとしたことである。またハーズバーグの人間観は苦痛を回避する欲求と精神的に成長する欲求から構成される。

三　行動科学における人間観

ここまで行動科学の登場から発展、および各論者の理論について概観してきた。アージリスの分析結果は一九五七年のものであった。そのアージリスより前の一九五四年にマズローによる自己実現が提示されている。マズローの欲求階層説はマグレガーの一九六〇年の文献にて紹介され脚光を浴びるという経緯がある。またリッカートはマズローの影響を受けていると思われるが、マズローを引用していない。[4]ハーズバーグの書籍は一九六六年と若干ではあるが時期が遅れている。一九六〇年前後に経営学史における行動科学の文献が集中している点は前節でのアメリカの状況も踏まえて考える必要がある。また職務を通じて自己成長を考えるという発想が強く出されている点にも注目する必要がある。

ここではそれらを踏まえて、行動科学における人間観と課題について考えたい。こうした行動科学をベースにし組織の中の個人について検討したものの代表的なものに二村とエドガー・H・シャイン(Edgar H. Schein) のものがある。

二村とシャインによる分類

行動科学でのアプローチの細部に注目すれば、その差異はさまざまな部分で指摘することが可能で

図表6-1　3つのアプローチの人間モデル

伝統的アプローチ	人間関係アプローチ	人間資源アプローチ	
経済的人間	社会的人間	自尊人	自己実現人

出所：二村（1982）、249頁。

ある。その一方で重要な共通性を考えると次のように指摘することができる。それは自己の成長という点である。二村によれば「いわゆる高次の欲求の充足を求める現代の人間を認識したこと、そしてこの欲求を充足させるべく組織の変革を行うことが、現代の組織にとっては、組織自体の要求に照らして是非必要である」と指摘される（二村 一九八二、二四八頁）。また二村はこの高次の欲求である承認の欲求と自己実現の欲求に峻別して把握する。その結果として、図表6―1にみるように、二村の人間資源アプローチにおける人間観は自尊人と自己実現人の二つに分類される。これはマズローの欲求階層にある承認の欲求と自己実現の欲求に対応したものであると考えられるが、なぜ峻別されるのか。三戸は行動科学の学的位置として二村の分類を評価しながらも、自尊人と自己実現人との峻別については言及してはいない（三戸 二〇〇四）。

二村は別の箇所でマズローについて次のように説明する。マズローは承認欲求以下の四つの欲求のことを欠乏欲求と呼ぶ。欠乏を意味する deficiency のDをとりD欲求と呼ばれる。それに対して本来の自分自身の実現を意味する being のBをとりB欲求と呼ぶ。これが成長の欲求であり、自己実現欲求である。承認欲求を高次の欲求と考えるD欲求に基づく人間観を自尊人として、また自己実現欲求つまりはB欲求に基づく人間観を自己実現人として把握することが可能である（二村二〇〇四、四三頁)。マズローにおいて自己実現はそれ以外の欲求とは別次元の概念であるといえる。

もう一つ行動科学における人間観を考える上で参考になるのがシャインの分類である。マグレガーの弟子でもあるシャインは、一九六五年に出版された『組織心理学』の第四章「人間に関する諸仮説と管理の過程」の中で人間に関する仮説を歴史的に、合理的経済人、社会人、自己実現人、複雑人がある説明する。シャインの説明で特徴的な部分は複雑人というモデルを提示している点になる。人間は複雑であるだけではなく容易に変化する。モチベーションも階層化されているが、相互作用もあり、かつ経済的欲求が自己実現となる場合もある。また人間は新たなモチベーションを学ぶこともあれば、組織との関係も変化する。組織が異なれば、モチベーションも異なるだろうし、公式組織での充足だけでなく非公式組織での充足もある。欲求の階層を固定する立場をシャインは採用しない。複雑人という考え方は状況適応といえば聞こえはよいが、人間観としては何かを主張していることにはならないという指摘もある。この複雑人モデルを「概念化を遠ざけているに等しい」と批判するのが辻村である(辻村 二〇一三、二〇九頁)。

行動科学における人間モデルとは何だったのか

行動科学では新たな管理方式を目指しさまざまな理論展開を示した。その中心にあったのがリーダーシップ論やモチベーション論であった。行動科学では自発的協働の前提となる組織目的と個人目的の統合を可能とするためには公式組織を所与とせず、組織構造の再編成をすると同時に、リーダーシップを含む管理・監督の方式および制度全般の変革をすることが必要である。また行動科学においては人間の高次の精神的欲求、即ち承認欲求や自己実現欲求を充足するための職務の再設計や組織目的と個人目的の統合を可能にする管理方式に注目が集まる。

行動科学の議論についてはリーダーシップ論とモチベーション論に終始しているといえる。辻村は「結果として経営者と従業員、上司と部下、雇用者と被雇用者といった関係が、すべてリーダーとフォロアーだけの、半ば真空な関係に還元されて論究されている」とし、「後期人間関係論もリーダーシップや動機づけの問題を、企業という組織類型における労働の歴史性を踏まえた分析を欠いたままの議論の域を脱するまでには至らなかった」とも指摘している（辻村 同上書、二一〇頁）。また行動科学は人間関係論の欠点を克服すべく諸研究に取り組んだ結果、状況次第では専制的なリーダーシップの効能を認めるに至り、その後のコンティンジェンシー理論（contingency theory）へ進展することになる。さらに動機づけのために職務の再設計を行うことは公式組織に関する職務の議論となる。職務とは労働者を管理するための管理単位であり、個々の労働者の立場からすると従事する労働単位となる。従事する労働単位という視点は科学的管理法における課業管理（task management）にもあり、これは分業論の系譜であり、分業に基づく労働生産性の増大を目的とする議論である。こうした職務概念と人事管理の関係についてもさらに検討する余地がある（田中 二〇一六）。

本章で紹介した研究では職務概念による個人の分業によるものが中心であった。人間関係論では職場集団という分析があったが、行動科学で個人の欲求に注目が集まるあまりに集団の相互作用という研究はマクロ組織論に譲る形となっている。また欲求充足のためには職務の再設計が中心的役割を果たしていた。その結果として、行動科学における組織の中の個人は職務により充足される存在であった。

四　行動科学のその後

一九五〇年代から六〇年代にかけて行動科学は瞬く間に広まった。しかし行動科学が明らかにしようとした人間の欲求は多様であるとの見解が広まりつつあった。菊野は「あらゆる人間は職務上で自己実現を得たいと欲し、また参画的経営はあらゆる組織において普遍的に妥当する唯一最良の途である」という点が、現実妥当性を失い始めたと指摘する（菊野 一九九二、一九七頁）。職務上での自己実現を求めない従業員の存在は、行動科学における人間観の限界を示している。こうした理論の限界を克服するためにその後のコンティンジェンシー理論の成果を待たなければならなかった。シャイン自身も「人間は多くの欲求や潜在能力を備え、それ自身極めて複雑であるだけでなく、その複雑さの様式においてもまた隣人とは異なっている」とし、その一般化の難しさについて説明している（Schein 1965, 翻訳書、八三頁）。そして、最善策の模索から状況に応じた最善の模索への移行、つまりワンベストウェイからコンティンジェンシーへという流れは行動科学以降の研究を示す道筋である。

新しい展開の中で組織の中の個人は、その個人が関わっている職務の型に対して各人の条件や特殊性を考慮し、さらに環境や技術といった組織の外的要因を考慮し、組織の構造と過程を再構成する方向が模索されるのであった。そして、組織・環境・個人の関係が関心の対象となっていく。

またダニエル・A・レン（Daniel A. Wren）によれば人間関係論を産んだホーソン・リサーチ以後の調査は二つの方向性を見せる。ミクロ領域の研究者は「集団における人間を研究するための構成概念を設定し、また人間欲求の階層を仮定し、そして集団の相互作用・状況の現象としてリーダーシップを理解した」とし、マクロ領域の研究者は「感情、行為、相互作用のインフォーマル・システムを理解し、そしてフォーマル・システムとの統合をもたらすことに努めた。これら二つの経路が、現代の組織行動論と組織理論を導いた」と説明する。マクロ領域の研究はバーナードからサイモンへと展開する近代組織論へと合流し、ミクロ領域は行動科学から組織行動（Organizational Behavior）と人的資源管理（Human Resource Management）へと展開していく。その人的資源管理では行動科学と人的資本論（Human Capital）の影響を受け、戦略的人的資源管理論へと転化していく。こうした中でも人間観は論者および研究領域により前提とされる仮説が異なることが予想される。

（高橋　哲也）

注

（1）　行動科学に関する全体像は以下の文献が詳しい。田中（一九六九）、南（一九七六）、犬田（二〇〇一）。またサイモンの

『経営行動』やマーチ＝サイモンの『オーガニゼーションズ』を経営学史における厳密な意味での行動科学研究の嚆矢とする。経営学史学会編（二〇一二）、『経営学史事典［第二版］』一三一頁「行動科学」も参照。

（2） メイヨー、レスリスバーガーおよび人間関係論に関しては経営学史学会監修・吉原正彦編著（二〇一三）に詳しい記述があるので参考にするとよい。

（3） 『完全なる経営』の監訳者である金井によれば、マグレガーによるマズロー理解およびマズローの経営への関心の高まりについて「経営学のマズロー発見とマズローの経営（学）発見」と表現し概説している（四一二―四一八頁）。

（4） 初期リッカート（Likert 1961; 1967）や初期アージリス（Argyris 1957; 1962）にはマズローの引用はない。初期マグレガー（McGregor 1960; 1966）やアージリス（Argyris 1962）には引用がある。金井によるマズロー『完全なる経営』の監訳者解説も参照。

第七章　資源としての人間

――人的資源管理論の発展――

一　人的資源管理論における資源としての人間観の形成

人材マネジメント論の名称問題と人間観

経営学においては一般的に、事業活動を支える主要な経営資源としてヒト（従業員）・モノ（工場や施設）・カネ（現金など）・そして情報（ノウハウや知識など）が挙げられ、それらの資源を合目的に獲得・蓄積、そして活用することが、経営の基本職能であるという説明がなされる。それらの資源は組織成員によって製品やサービスに転化され、結果として生み出される付加価値の最大化こそが営利企業が掲げる最大の目標である。それゆえ、それぞれの資源をどのように獲得・活用し、成果に結びつけるか、という資源のマネジメントこそが企業経営の要諦であることに、異を唱える者は少ないだろう。

しかしながら、従業員を人的資源として認識し、他の有形・無形の経営資源と並置される存在として人間を理解する上では、人間が本来的に有する特質に特段の注意を払う必要がある。即ち、人間は意志や感情を有し、生産過程に投入される労働の結果はそれらの影響を受ける。加えて、物的な資源とは異なり、人間には個性や能力のばらつきが存在し、製品の生産過程で投入される部品のように、同質的な資源としての人間が複製されることを前提としない。これらの事情を勘案すると、人的資源を他の資源と同様の論理やマネジメントの原則を通じて取り扱い、無暗に物的資源のマネジメントと同じ理屈を人間に適用することは、経営者にとっても従業員にとっても負の側面が生じることが懸念される。したがって、現代を生きるわれわれにとっては馴染みの深い「資源としての人」という考え方は、正負両方の側面をあわせ持つ可能性があり、人間を資源として捉えることの意味を問うことの意義は決して小さくない。

そこで本章においては、人間を資源とみなす視座が、どのような背景の下で成立したのか、また、あえて人間を資源として捉えることの意義はどのような点にあるのか、といった問いに対して、人的資源管理論を中心とする、現代までの人材マネジメント論の進展を俯瞰することを通じて検討する。というのも、経営学において人間が他の有形・無形の資源と並置され、価値創出のために投入される資源として広く認識されるようになったのは一九八〇年前後であり、一九世紀末頃にドイツとアメリカでそれぞれ勃興した経営学（もしくは経営経済学）が歩んできた百年以上の歴史を踏まえると、従業員を資源と理解する見方が常に支配的だったわけではない。換言すれば、従業員を資源とみなすという人間観、即ち資源としての従業員観の形成は、異なる従業員観からの変化として生じたものと捉えるべきであり、変化の中身やその背景を理解することが、上述の問いに接近するための鍵となるだろう。

加えて、資源としての人間の内実を経営学において探索する上では、人材マネジメント論がその名称を変更してきたという歴史的な経緯に注目すべきである。なぜなら、人材マネジメント論の名称変更は、基本的な人間観とそれに基づく人材マネジメントの理念型が、それぞれ相即的かつ段階的な変化を遂げてきたことを示唆し、資源としての人間観は、その名称変化の過程で生成・定着してきたからである。より具体的に述べるならば、蔡（一九九八）をはじめ多くの論者が整理するように、人材マネジメント論の系譜は、人事労務管理論、人的資源管理論、そして戦略的人的資源管理論という名称変更の歴史として捉えられ、それぞれの段階で固有の人間観が存在する。即ち、人事労務管理論では従業員はコストとして認識されていたが、その後の人的資源管理論では経済的資源、そして戦略的人的資源管理論では競争優位をもたらす資源というような変化が生じている。したがって、資源としての人間観をより正確に理解するためには、庭本（二〇一二）が、人材マネジメントにおけるパラダイムシフトと呼ぶ、人事労務管理論から人的資源管理論への変化を捕捉し、どのようにコストから資源へと人間観が変化したのかを整理する必要がある。

コストとしての人間——科学的管理と人事労務管理論——

従業員をコストとして認識する人間観の源流を求めるとするならば、それは二〇世紀初頭に提唱されたテイラーの科学的管理にまで遡る必要がある。科学的管理は、時間・動作研究による課業の設定や、職能別職長制度、差別的出来高賃金制度などを通じて、経験や勘といった感性に依存したマネジメントから脱却し、労使の協調に基づく生産活動の実現を企図したマネジメント思想や制度の総称である[(1)]。その中でも特に、生産工程における各従業員の作業を緻密に分析し、それぞれの作業に対して適切な賃率を設定することを目指した課業管理は、それまで横行していた、管理者の感覚に依存した成行き管理からの脱却に貢献するという意味で、科学的管理の要諦とされている（藻利 一九六五）。

他方で科学的管理は、各従業員の作業の方法や望ましい成果についての標準化を目指したことから、仕事における従業員の自由度を奪うという側面が生じ、人間を機械と同一視しているという批判を浴びた（藻利 一九六五）。言い換えれば、科学的管理では、労働者たる人間はあくまでもインプットとして投入される生産要素の一つであり、それゆえ個の多様性は捨象され、代替可能な存在として人間が捉えられている。その結果、没個性的な生産要素たる従業員に対しては、労使の協調を志向しつつも、できるだけ企業側の財務的負担は小さくすることが利益の最大化に繋がるという考えが形成されていった。

個人の不満を最小限の報酬で抑え込み、そのうえで人間を無機質な生産要素の一つとして捉える視座には、まさしく労働者の存在を、利益を減少させるコストであるという人間観が反映されており、これはその後、一九二〇年代頃にアメリカを中心に成立したとされる人事労務管理論の基盤となった。そして、コストとしての従業員観は人を資源として捉える視座が登場するまでの間、人材マネジメントの支配的なパラダイムとして存立し続ける。

資源としての人間――人的資源管理論の生成――

人事労務管理論におけるコストとしての人間観に代わって、資源としての人間観が提唱され始めたのは、一九六〇年代頃である。例えば、レイモンド・E・マイルズ（Raymond E. Miles）は、従業員を「未開発な資源の宝庫」と定義し、従前の人間観では必ずしも捕捉されていなかった、人材開発を通じた人そのもののスキルや知識の獲得やそれに伴う能力の向上を強調するような、新たな視座を提示している（Miles 1965）。このように、人間の潜在的な成長可能性に焦点を当てることは、生産要素の一つとして人間を捉えるコストとしての人間観とは対照的であり、新たな人材マネジメントとしての人的資源管理の萌芽として理解できる。それでは、なぜ、どのような背景の下で、資源としての人間観が生起し浸透したのか。また、そのような人間観によって、人材マネジメントの思想や方法はどのように変化したのであろうか。これらの点について、以下において詳述することとしたい。

人事労務管理論から人的資源管理論へと、人材マネジメントに対する基本的なパラダイムが変更された背景には、人的資源管理論の体系化に関する議論を牽引したイギリスおよびアメリカを中心とした、諸外国での新たな人材マネジメントに対する実践的要請が存在している。岩出（一九九二）によると、アメリカでは労働生産性の低下を背景とした国際競争力の低下に歯止めをかけようと、企業戦略を通じた目標達成の手段として従業員の活用を意識するようになった。さらに一九八〇年代に入ると、イギリスとアメリカに共通する複数の社会経済的な変化に適応する上で、人材マネジメントに関連するテーマが積極的に取り上げられた。例えば、新たに出現した高付加価値市場での成功のために、積極的な教育訓練投資による従業員の育成が志向されたことや、知識労働やサービス業の拡大に伴い、より高次の訓練と教育を必要とする人材が増加したことなどが挙げられる（Legge 1995）。それらに加えて、一九七〇年代から八〇年代にかけての日本企業の躍進を受けて、日本企業に特徴的な、共通のビジョンや集団的な凝集性を通じた組織目標の達成が規範として目指され、従業員を価値ある資産として認めたうえで従業員の組織に対するコミットメントを確保しようという動きが一層活発になった。以上のような実践での動向からは、企業経営全体における人間に対する認識の変化が読み取れる。即ち、従業員の成長や開発に傾倒する姿勢や、業績への積極的な貢献を期待するといった側面は、従業員をコストとみなす人間観とは対照的であり、新たな人材マネジメントが要請された事情がうかがえる。

他方で、一九六〇年代から七〇年代頃は、経営学の隣接諸科学において、企業における人間観の変化や新たな人材マネジメントのあり方の探索を促進する知見が蓄積された時期でもある。とりわけ、人的資本理論と行動科学の諸理論は、人的資源管理論の成立に影響を与えることとなり、その結果、実践・理論両面から人的資源管理を通じた新たな人間観が確立されることとなる。ゲーリー・S・ベッカー（Gary S. Becker）（1975）を中心に、マクロ経済学を基礎とする労働経済学分野において提唱された人的資本理論は、教育や職業訓練などの投資行動が、労働者の生産性や所得水準の差異を説明するうえでの鍵であることを明らかにし、教育・訓練の経済的意義や賃金格差の説明等、幅広い分析に用いられている（赤林 二〇一二）。人的資本理論は、一国経済全体を分析レベルとして設定したうえで、教育や訓練への投資が、生産性や賃金といった個人・社会的な便益を生むという考え方に裏付けを与えたが、経営学においては、労働経済学の知見を企業レベルの分析に応用することで、一企業単位での教育訓練への投資が、成果を生むという主張の基礎となる役割を果たした。つまり、一企業にとって従業員は、投資よって成果を増幅させることができる資本（capital）であるという認識の高まりが生じたという意味で、人的資本理論の影響力は大きかったと言える。

他方で、人間の内在的特質に接近することの重要性を示唆する上で経営学に多大な影響を与えたのが、行動科学分野で展開された諸理論である（Kaufman 2007）。行動科学は、心理的・社会的側面から人間同士の相互作用に注目し、高い生産性や業績は従業員の社会的欲求や願望を満たすような組織・職務のデザインを通じて行われることを明らかにした。これにより、従前の経済理論で前提となっていた、利己主義的な行動に基づいて、経済的な利得によってのみ欲求を満たすことを前提とする「経済人モデル」とは異なる観点から、人材マネジメントへのアプローチを可能とした。例えば、従業員のモチベーションや職務を通じた満足は、自律的な統制に基づく職務の設計や、経営者と従業員が相互に便益を生むような報酬制度の設計などによって達成されることが示され、人材マネジメントを実践する上で、従業員の動機づけや職務を通じた充足感など、より人間的な側面へのアプローチが目指される契機となった（Walton 1985）。

以上のような実践・理論両面での動向を総合すると、人的資源管理という新たな人材マネジメントが必要とされた背景には、競争力の確保という実践上の要請をベースに、人間の知識やスキルの拡大可能性や業績への直接的な貢献可能性という、「成長と成果に関する人間への期待の高揚」が、理論・実践両面において見られたという点で一貫している。即ち、人間そのものの魅力や価値が、能力やモチベーションの伸長によって向上するという、インプット段階での価値増幅に対する期待と、生産プロセスへの投入された結果として、人間そのものが直接的に価値を生みだすというアウトプット段階での期待という二つの側面が、新たな人材マネジメントを必要とした背景として確認できる。それまで支配的であったコストとしての人間観では、経営者と従業員の対立的な関係を前提として、労働上の従業員側の不満を抑えつつ、最適な労働力の利用を目指すマネジメントが中心であったが、そのような人間観やマネジメント手法では、従業員は成果獲得のための制約条件としか見なされない。それゆえ、コストとしての人間観から脱却し、人間を直接的に経済的な付加価値向上に資する存在として取り扱い、人間そのものの内面的な成長にも注目するような、新たな人材マネジメントが必要とされたのである。

そして、新たに提唱された人材マネジメントの呼称に、「資源」という用語が用いられたのは、経営における従業員の位置づけの変化や、成長と成果に対する期待を基に、従業員を成果志向的かつ能動的に活用する対象として捉えたことに由来する。実際、Miles（1965）が従業員を「未開発な資源」と捉えたことは、従業員は育成や開発の方法次第で成長が可能である、という点を端的に示している一方で、ジョン・ストーリー（John Storey）は、経営者による有効活用によって、より多くの付加価値が得られるという、能動的な人材活用の側面を説明するために、人的資源という用語を用いている（Storey 1992）。同様に、ロバート・E・プロイハート（Robert E. Ployhart）らも、人的資源という用語には、組織的成果との関連性を問うという意味で人的資本とは異なる意味合いがあることを指摘しており、従業員の積極的活用と企業業績との関連性がより強く意識されることを主張している（Ployhart et al. 2013）。

総合すると、資源としての人間観を基礎とする人的資源管理論においては、従業員の内面における多様性を前提としたうえで、その能力やスキルの伸長、モラールの高揚等を通じて、資源としての価値を能動的に高めることに人材マネジメント上の主眼が置かれる。また、資源の有効活用という観点から、より経営戦略との整合性を重視するような、人材マネジメントのアプローチが目指される。この点に関してストーリーは、人的資源管理において代表的な二つのアプローチを、それぞれソフト・ハードに分けている（Storey 1992）。即ち、ソフトな人的資源管理は、人的資源の人間的側面を重視し、社会的欲求の充足や従業員の組織に対するコミットメントを引き出すようなアプローチを指し、ハードな人的資源管理は、資源たる従業員の最適な活用を通じた経営目標の達成を志向し、企業が掲げた事業戦略と人的資源管理の関連性という観点から有効な人材マネジメントの方法を模索する。このような人的資源管理の理念型が提唱されたことで、人的資源管理論は人材マネジメントの新たなスタンダードとして、人事労務管理論に置き換えられることとなった。

二　資源としての人間観の強化——戦略的人的資源管理論の進展——

戦略的人的資源管理論の概要

人的資源管理論においては、人間を資源として捕捉することで人間の潜在的な成長性や成果への貢献可能性が強調され、それらを軸足に据えた人材マネジメントの理念型が示されたが、人的資源管理論が確立された一九八〇年代以降、人材マネジメント論の名称変更、もしくは追加に関してもう一つ大きな動きがある。それは、人的資源管理論に「戦略的」を冠した戦略的人的資源管理の提唱である。人事労務管理論から人的資源管理論へと人材マネジメント上のパラダイム転換が行われた内実として、従業員に対する基本的な認識の変化があったことを踏まえると、戦略的人的資源管理論が提唱されことで、人的資源が占める企業内での位置づけや人間観の変化が生じている可能性がある。

コストと資源という人間観の対比からもわかるように、人事労務管理論から人的資源管理論へと人材マネジメントの潮流が変化していく過程では、両者の共通点や相違点についてこれまで多くの言説が展開されている。しかしながら、戦略的人的資源管理論は人的資源管理のフロンティアとして提唱され、その名称から資源としての人間観が踏襲されていることを想起させるものの、人間観やマネジメント観の異同については必ずしも自明のこととはいえず、統一的な見解には至っていない。そのため、戦略的人的資源管理に内包される「資源としての人間」の意味内容については、人的資源管理との比較の中で慎重に検討する必要がある。

戦略的人的資源管理は、「組織がその目標を達成することを志向する、計画された人的資源開発と人的資源活動のパターン」(Wright and MacMahan 1992, p. 298) と定義されるように、人材マネジメントの諸制度・慣行 (採用・報酬制度・業績評価・人材育成など) を、経営目標の達成に貢献できるような形で、統合的に設計していくことに重点を置く。とりわけ戦略的人的資源管理論は、外的・内的適合という二つの適合 (fit) に着目する点が特徴的である (Baird and Meshoulam 1988)。前者は、競争戦略のタイプと人的資源管理の内容との整合性という観点から人的資源管理を設計するアプローチである。例えば、コスト削減を競争戦略上の方針とするのであれば、人的資源管理の各施策にもできるだけ資金を投じず、最小限の教育訓練とインセンティブの設計に留めることが目指される。加えて、企業外部の経済・社会的要因との整合性にも注意を払う (Jackson and Schuler 1995)。後者は、人的資源管理の各施策・慣行間の一貫性に注目し、総体としての人的資源管理が一つのシステムとして有効に機能することを目指す。Becker and Huselid (2006) が述べるように、人的資源管理論が主に単一の人事施策・慣行が個人の反応・態度・成果にどのような影響を及ぼすかという問題に焦点を当てるのに対し、戦略的人的資源管理論は組織単位に分析レベルを設定し、そのうえで、組織内で実施されるさまざまな人事施策・慣行のセットとしての人的資源管理システムが、組織成果に対して果たす貢献に着目する。このような戦略的人的資源管理の分析視角上の特質が内的適合には反映されている。とりわけ、内的適合を重視する観点からは、「従業員のスキル、コミットメント、生産性を向上させ、人的資源が競争優位の源泉となるようデザインされた人事施策・慣行群のシステム」(Datta, Guthrie and Wright 2005, p. 136) を意味する高業績人材マネジメントシステムが、人的資源管理システムのベストプラクティスとして位置づけられており、それは従業員の意思決定への参画、豊富な訓練およびインセンティブの提供などの特徴を持つ制度・施策から構成される(Appelbaum et al. 2000)。

以上のような、戦略的人的資源管理論に関する基本的認識を所与とした際に、人的資源管理論で前提とされた「資源としての人間観」は、戦略的人的資源管理論の文脈ではどのように理解できるであろうか。第一に、戦略的人的資源管理論においても、人的資源管理論と同様に、戦略との統合を通じた人的資源の有効活用が目指され、その結果、人的資源の組織的成果への貢献が強調されている。特に、戦略的人的資源管理論では、マイケル・ポーター (Michael Porter) に代表される競争戦略論の知見を積極的に摂取・導入することで、人的資源管理論では理念型として示されていた戦略との統合について、具体的な人的資源管理システムのモデルを提示することに成功している。その意味で、人的資源管理論における人間観の中でも、能動的な活用を通じた成果の向上という側面が、戦略的人的資源管理論においても引き継がれていることがわかる。

第二に、高業績人材マネジメントシステムに象徴されるように、戦略的人的資源管理論は、従業員のスキルやコミットメントを向上させるための人材マネジメントシステムを規範的な存在として位置づけ、職場や従業員への影響を介した組織的な成果の向上がいかに達成されるのかを探索し続けてきた。高業績人材マネジメントシステムと類似するハイコミットメント・モデル（high-commitment model）（Walton 1985）やハイインボルブメント・モデル（high-involvement model）（Lawler 1986）などの名称からも想起されるように、モチベーションの高揚や能力の伸長、社会的欲求の充足を通じた従業員パフォーマンスの向上を志向する姿勢は、まさしく従業員の成長に対する期待という、資源としての人間観を踏襲したものとして認識できる。

総合すると、戦略的人的資源管理論の基礎的な視座である二種類の適合に関する議論からは、人間の成長および成果への貢献を引き出すという、人的資源管理論における基本姿勢を引き継いでいることがわかる。それゆえ、戦略的人的資源管理論と人的資源管理論論の間では、資源としての人間観に関は基本的に維持され、パラダイム転換と呼べるほどの変化は認められない。

競争優位の源泉としての人的資源

しかしながら、あえて「戦略的」人的資源管理論と名称が変更・追加されたことの意義は、前述したような分析単位の相違のみに求められるわけではない。即ち、人的資源管理論と戦略的人的資源管理論では、数ある経営資源の中で占める人的資源の位置づけが異なる、という点を見逃してはならない。人的資源管理論では、従業員たる人間の潜在性に着目し、資源としての価値を高める方策やその活用プロセスに着目するのに対して、戦略的人的資源管理論では、人的資源を他の経営資源と並置させたうえで、競合他社を淘汰するための差別化要因、即ち競争優位の源泉として、資源たる人間を位置づける。したがって、資源としての人間観そのものは人的資源管理論と同様の認識を保ちつつも、戦略的人的資源管理論では、従業員および人材マネジメントそのものが、企業が競争力を得るための単なる選択肢の一つではなく、まさに企業間競争の勝敗を左右するような、唯一無二の存在として理解される。企業全体における人的資源の位置づけの変化は、人材マネジメントと組織成果とのより密接な関係や、資源としての従業員のさらなる積極的活用に繋がるという意味で、資源としての人間観が強化されていると捉えられる。

このような、競争優位の源泉としての人的資源という考え方に裏付けを提供したのは、内部資源という観点から競争優位の構築に関する知見を蓄積してきた、経営戦略論における資源ベース論（resource-based view）である。資源ベース論は、企業が有する有形・無形の資源が、他社と比して相対的に優れたパフォーマンスをもたらす条件を、資源の希少性や模倣困難性、代替不可能性といった特質から明らかにしている（Barney 1991）。資源ベース論に依拠すると、仮に人的資源がこのような属性を備えているのであれば、人的資源の蓄積や活用を通じて、企業に長期的な競争力が付与される可能性が高くなる。この点に関して Wright, McMahan and McWilliams（1994）は、人的資源としての従業員は、固有の知識やスキルを有することから、労働市場において異質的な存在とみなされ、それは希少性という意味で価値を生む資源の要件を満たすこととなると述べている。また、人的資源に蓄積される知識やスキルは、その企業が歩んできた歴史的な進展の中で確立されるものであり、組織ごとの規範や組織風土の中で形成されることを踏まえると、人的資源は他社にとって容易に模倣可能な資源ではない。

以上から、人的資源に内在する優れた能力や知識、高いモチベーション等は、企業側の意図をもって完全に移転・模倣することが困難である。それゆえ人的資源そのもの、および従業員同士の相互作用の結果として生まれる組織能力は、競争優位の源泉になりやすく、他社との差別化に貢献するということが理解できる（Boxall and Purcell 2011）。

三　差別化を志向した人的資源の活用

高業績人材マネジメントシステムの有効性とコスト問題

資源ベース論によって理論的補強がなされた、差別化要因としての人的資源という人間観に基づくと、戦略的人的資源管理を実践する上では、積極的に従業員の教育・訓練やインセンティブの設計に傾倒するような経営判断の合理性および正当性が担保される。それは即ち、個々の人的資源に対する開発活動や、従業員の経済・社会的欲求の充足を通じたモチベーションの高揚、積極的な従業員の参画等を企図する高業績人材マネジメントシステムを、人的資源を通じた差別化を実現するうえでの有効な手段の一つとして認識することを意味する。実際、高業績人材マネジメントシステムは戦略的人的資源管理理論の研究蓄積が進む中で、競争優位をもたらす人材マネジメントの象徴的な存在として取り扱われることとなり、当該システムが従業員側の態度および行動に与える影響や、その帰結としてもたらされる集団レベル、組織レベルの成果の向上について、多くの論者によって詳細な検討がなされた。例えば、Datta, Guthrie and Wright (2005) は、高業績人材マネジメントシステムの採用によって労働生産性が向上することを示し、Takeuchi et al. (2007) は、従業員の人的資本が蓄積されることによって組織的な成果が向上することを明らかにしている。これらの研究に一貫していることは、高業績人材マネジメントシステムが、従業員がパフォーマンスを発揮するために必要な能力およびモチベーションの向上、そしてパフォーマンス発揮の機会を提供することで、組織的な目標達成に貢献するという、因果関係を想定している点にある (Boxall and Purcell 2011)。特定の人材マネジメントシステムと業績間に存在する介在要因を規定しようとする試みは、総じてブラックボックス問題 (Wright and Gardner 2003) と呼ばれ、高業績人材マネジメントシステムによって人的資源の価値を増幅させるという道筋は、その問題に接近するための主要なアプローチの一つとして位置づけられている (Truss, Mankin and Kelliher 2012)。

しかしながら、高業績人材マネジメントシステムの支持者は、それを導入するための財務上の支出という側面を捨象したうえで、その有効性を主張する傾向にあり、実現性という観点からは理論的な頑強さに疑問が残る。実際、Datta, Guthrie and Wright (2005) は、高業績人材マネジメントシステムのコスト面について評価できなかった点を研究の限界として述べており、高業績人材マネジメントシステムが高い成果を生むのか、それとも高い成果を達成したことによって財務的な余剰が発生した結果、高業績人材マネジメントシステムが採用できるのかについてははっきりとした答えが出ておらず、両者の因果関係をめぐっては確固たる結論は出ていない。つまり、高業績人材マネジメントシステムは、あるべき姿、即ち規範として目指されるものである一方で、財務上の負担を強いる人材マネジメントの手法となることから、実際の経営判断としては、あらゆる状況においてすべての従業員に対して高業績人材マネジメントシステムを採用するということは現実的ではない。このような事情を踏まえると、競争優位の源泉としての人的資源を認識することはよいとしても、それを実現する過程では、すべての人間が競争優位に直結するわけではなく、企業が合理的に競争力を得るために、人的資源の活用において選択と集中を加速させることが推察される。

人的資源アーキテクチャに基づく人間の分断

高業績人材マネジメントシステムの背後にあるコストの問題を踏まえると、戦略的人的資源管理論が有する、競争優位をもたらす資源としての人間観は、必ずしも高業績人材マネジメントシステムの採用を全面的に正当化するわけではなく、むしろ「高業績人材マネジメントシステムによって相応の競争力をもたらすことが期待できる範囲および対象において、当該システムへの投資が正当化される」という、資源の活用による最大リターンを希求するような、経済合理的なマネジメント観に繋がるものとして理解すべきであろう。人的資源を通じた差別化を図る過程においては、資源の合理的な活用による成果の最大化に経営者の目線が捉われる一方で、高業績人材マネジメントシステム導入のコストという側面を全面的に無視することはできないことから、競争力に直結することが期待できない従業員は、必ずしもそのようなマネジメントの対象とはならない。

実際、企業側の財務上の合理性を考慮しつつ、複数の人材マネジメントのシステムを企業内で使い分けるという考え方は、人的資源アーキテクチャ（Lepak and Snell 1999）を巡る議論を中心に展開されている。人的資源アーキテクチャは、人的資本の戦略的価値（strategic value）と固有性（uniqueness）のタイプに応じて、雇用契約に対する基本的姿勢（雇用モード）や適用される人材マネジメントシステムに違いが生じることを明らかにしている。例えば、組織の効率性や有効性を改善し、新たな市場機会を探索・活用できるような人材が、容易に労働市場から調達できない専門的かつ企業特殊的な特性を兼備している場合、当該従業員に対しては、コア社員として長期的かつ内部で人材育成・開発を行うことが適切である。それゆえ、高業績人材マネジメントシステムに代表される人的資源管理システムが適用される。反対に、戦略的価値も固有性も低い従業員に対しては、短期的な契約ベースの雇用モードが適用され、企業内部での教育訓練やインセンティブの設計等よりも、従業員に投じる財務的資源の最小化を基本線とする人的資源の活用が目指されるのである。実際、その後の検討によって、企業が従業員に対して抱く期待が一様ではないこと、また、それに応じて企業が人材マネジメントの使い分けを実践していることが実証的に明らかとなっている（Lepak and Snell 2002）。

このように、従業員を競争優位の源泉として認識する人間観を掲げる戦略的人的資源管理論は、競争力をもたらす人的資源の最適な活用を追求した結果、人的資源たる人間同士の分断という結果を招くこととなった。その背後では、一部の従業員を成長や成果を期待する資源ではなく、コストとみなす人間観が再び確認され、現代の戦略的人的資源管理が新たな局面を迎えていることを示唆している。

四　資源としての人間観の現代的意義と課題

以上において検討されたように、人的資源管理論の到達点としての戦略的人的資源管理論の進展によって、人的資源の戦略的重要性がさまざまな観点から指摘され、その結果、従業員そのものや、その営為によって生み出される組織プロセスが、企業の競争力の源泉となることは、学界・実務を問わず、現代を生きるわれわれにとっておおよその共通認識となってきたと思われる。それに伴って近年では、人事部が戦略的な意思決定に関与する動きや、その有効性に対する検討がなされるなど(2)、企業にとって従業員は差別化要因であり、それゆえ戦略上の武器として人的資源を有効に活用しようとすることは、現代ではもはや当然視されているといっても過言ではない。この視座の確立への貢献という意味で、人的資源管理論や戦略的人的資源管理論が果たす役割は大きい。

しかし、高業績人材マネジメントシステムに伴うコストの問題や、人的資源アーキテクチャの議論からもわかるように、企業が差別化要因としての人的資源の確保および育成・活用に躍起になることは、合理性の追求の過程で人的資源を分断する姿勢に繋がりかねず、それが組織的な問題を招来する可能性をはらんでいることに留意すべきである。一例を挙げるとすると、競争力に直結しないと判断された従業員は、自身の処遇や職務環境に対して、公正性や納得感といった観点からマネジメント側に不信感を抱くことが懸念される。仮に物的資源であれば、競争力に直結しないような資産や技術については、即時的に売却・処分したり遊休資産として保存したりすることで対処できるが、感情と意志を有する、社会的存在たる人的資源に関しては、同様の論理を一律に用いることは難しい。人材マネジメント領域において、資源の選択と集中や分断を通じた競争優位の構築は、人間ゆえに生じるさまざまな課題を背後に抱える中で進行するものとして理解すべきであろう。

実際、近年においては、人的資源の分断によって新たに生じた問題を直接的に検討する研究が一部で見られる。例えば、実務領域においては早期の選抜に基づく経営人材の育成に注力する企業が散見されるようになったが、そのような動向からは、ノンコア人材のマネジメントという新たな経営課題が浮かび上がっている。それに対して、例えばBolinger, Klotz and Leavitt（2018）は、ノンコア人材の組織内でのアイデンティティ構築という側面に注目しており、人的資源の分断を前提とした中での人材マネジメントのあり方を検討する上で、示唆に富む。また、人間同士の分断によって表面化した、組織内での処遇の公正性や職務環境への納得感といった問題に関しては、企業内で実践されている人材マネジメントの施策や制度について、従業員がどのような認識や評価を抱くのかを詳細に理解することが、解決の糸口となるだろう。この点については、人的資源管理の制度や方策が導入されている理由についての従業員の認識に着目した、帰属（attribution）を巡る一連の議論（例えば

Hewett et al. 2018）は、従業員側の人的資源管理に対する理解や認識を探索するうえでの一助となるだろう。これらの動向からは、人的資源の分断を前提とするマネジメントの中で派生的に生じた従業員の心理的、社会的側面に関する課題への接近という、人材マネジメントの原点ともいえる部分に改めて取り組むことの重要性が浮かび上がってくる。

（森谷　周一）

注

（1）テイラーのマネジメント思想や制度の詳細については、廣瀬（二〇一二）を参照されたい。
（2）例えば島貫（二〇一八）が挙げられる。

第八章　ドイツ経営学と人間
——人間中心思考の発展——

一　経営学の基本問題

経営学には二大基本問題がある。それは価値の流れの問題と組織の問題である。前者は価値循環、資本の運動の問題と捉えられ、後者の内容はさまざまであるが、人間の組織の問題と認識すれば人間の問題ということができるだろう（馬場 一九三四、一九頁、馬場 一九五四、三二三頁）。ドイツ経営学では主として価値の流れの問題が対象に据えられ研究が進められたため、経営学は経営経済学として性格づけられた。そこではまず価値の流れの問題が究明されるが、また組織の問題も対象として研究が進められる。そうした基本問題を対象として展開されたドイツ経営学の足跡を辿ってみたい。その際、本章では二つの課題を設定する。一つはドイツ経営学の系譜を辿り、その特徴を明らかにすること、今一つは対象とした学説において人間の問題がどのように位置づけられ、いかに捉えられているのかを探ることにある。

二　経営経済学の台頭

一九一八年のドイツ革命によりドイツ帝国が崩壊し、一九一九年にはワイマール体制が確立する。その後、敗戦国ドイツは経済的に行き詰まりインフレーションに陥る。その過程で資本家は莫大な利益を得たが、労働者や中産階級は没落していった。そうした状況下において、一方で経済、経営の合理化政策が進められ、他方で経済、経営の民主主義運動が繰り広げられた。

そのような時代に展開された経営経済学をフリッツ・シェーンプルーク（Fritz Schönpflug）は一九三三年の『個別経済学における方法問題』（Schönpflug 1933, 古林監修／大橋・奥田訳一九七〇）[1]において、方法論的立場の相違により、換言すれば研究者が依拠していた哲学的基礎を基準にして三つの学派に分類した。まず彼はそれらを規範論学派と経験的実在論学派に分け、さらに後者を技術論学派と理論学派に分類した。そして規範論学派にヨハン・F・シェーア（Johann F. Schär）、ルードルフ・ディートリッヒ（Rudolf Dietrich）、ハインリッヒ・ニックリッシュ（Heinrich Nicklisch）、技術論学派にオイゲン・シュマーレンバッハ（Eugen Schmalenbach）、フリードリッヒ・ライトナー（Friedrich Leitner）、理論学派にフリッツ・シュミット（Fritz Schmidt）とヴィルヘルム・リーガー（Wilhelm Rieger）を位置づけた。本章ではそれらの分類より、規範論学派からはニックリッシュ、技術論学派よりシュマーレンバッハ、理論学派ではリーガーの学説を対象として考察する。

ニックリッシュの経営経済学（規範学派）

ニックリッシュの経営経済学は時代とともにその内容が変化する。それは彼が措定した研究対象の変化によって現れる。(2) 彼は一九一二年の『商業（および工業）の私経済学としての一般商事経営学』(3)（Nicklisch 1912）において、企業を資産の組織と捉え、それを研究対象としていた。

しかしその後、ワイマール体制下で経済民主主義の方向に歩み始め労資協調政策が進むなか、企業は有機的共同体と捉えられるようになり、そしてそうした社会状況を背景に経営共同体思考が芽生える。一九二二年には『経済的経営学』（Nicklisch 1922）が刊行され、この著書における特徴的な変化としては、研究対象が企業に加え、経営も俎上に載せられる。冒頭において「この学問の中心に位置づけられるのは企業ならびに経営である」（Nicklisch 1922, S.1）という。つまり『商事経営学』では企業概念が対象とされていたが、『経済的経営学』ではそれに加え経営概念も対象とされる。学問的には私経済学ではなく著書名からも明らかなように経営経済学の構築が意識される。ニックリッシュによれば経営とは、「道具・材料を備え、自己の欲求充足のために設定した目的を実現せんと働いている職場における人間である。…目的を共同で実現しようとする複数の人間もまた経営である。…職場で主目的が一緒であり、それを共同して実現しようとする…集団も経営である」（Nicklisch 1922, S.36）。つまり彼にとり経営とは、職場で働いている人間、集団である。さらに「経営にはいつも人間が存在している。形成体、組織単位、生活単位は人間がいなければ『経営』ではなくなる」(Nicklisch 1922, S.36) という。人間が経営の本質をなすという主張に重点が置かれる。そのように人間を重視するようになった契機は、一九二〇年の『向上への道！ 組織』(Nicklisch 1920, 鈴木訳一九七五)[4] にあり、そこでは人間と組織の問題が哲学的に検討され共同体論が展開される。その内容がその後の彼の学問体系に反映される。これについては後に詳述する。

その後、一九二九年から一九三二年に彼の集大成とされる『経営経済』(Nicklisch 1929/1932) が著される。そこでは経営概念が全面に出され「経営経済学の研究対象は経営とよばれる経済単位の生活である」(Nicklisch 1929/1932, S.6) という。研究対象は経営とされ、企業、そこにおける人間、家計経済までも対象に含められる。企業のみならず家計経済をも視野に入れた理論を展開する。つまり企業も家計も経営と解し、企業を派生的経営、家計を本源的経営に位置づける。こうした考え方は人間の生活を重視することによるものであり、シェーンプルークはこうした思考を「人間中心的」と表現する (Schönpflug 1933, S.206, 古林監修／大橋・奥田訳 一九七〇、一八三頁)。人間が中心に据えられたニックリッシュの理論では、人間が生きていくために派生的経営である企業と関わり、企業において経営共同体の構成員として労働を提供し、その経営過程から得られた成果の分配により家計経済つまり生活を営むことができるとされる。経営共同体思考から価値循環が捉えられ、そこで経営成果と成果分配の問題が扱われる。経営成果は経営共同体の構成員の給付に対応し、その給付に応じて成果の分配が行われる。そこではニックリッシュ独自の基準が提供される。それは経営共同体概念に基づく経済性である。経営給付に応じた成果の分配を受けることにより資本と労働の継続性が実現し、企業と家計の維持に繋がる。家計を本源的経営とし、家計の担い手である人間、経営共同体の構成員が彼の理論の中心に置かれ、理論が構築される。

シュマーレンバッハの経営経済学（技術論学派）

第一次世界大戦の敗北やドイツ革命後の国民経済の動揺期にあったシュマーレンバッハは、国民経済全体の立場から個別経済をどのように捉えるかという問題に応えようとした。彼は一九一九年に「動的貸借対照表論の原理」（Schmalenbach 1919a）と「原価計算」（Schmalenbach 1919b）という二つの論文を公にする。全体経済的な立場から、前者では経済的経営の全体経済に及ぼした影響を計算上で検討し、後者では経済的経営の財の消費に関して計算的に考察しようとした。彼は個別経済としての企業を経済的経営という概念で捉え、それは私経済的利害のためだけでなく国民経済的利害に即して活動すべきものと規定する。経済的経営は私経済を超えた全体的な共同経済を見据えた概念であり、これを対象とする学問を経営経済学と呼ぶ。このような方向の経営経済学を全体経済論的経営経済学と名付けることができるだろう（吉田 一九八二、二五頁）。

ではシュマーレンバッハの経営経済学における経営目的とは何であろうか。それは経済性の追求である。経済性の達成は利益によって測定されるが、彼によれば「利益は経営費用に対する経営給付の余剰である。利益とは経済性の尺度であり、金儲けの尺度ではない」（Schmalenbach 1919a, S.3）

という。利益は私経済即ち特定の立場のものではなく、全体経済を意識した共同経済の尺度と解される。しかし他方で「余剰は儲けとして企業家のものであり、…経済性の尺度は金儲けの尺度と一般的に等しい」(Schmalenbach 1919a, S.3) ともいう。つまり利益を経済性の尺度としながらも金儲けの尺度、私経済的収益性の尺度と認識している。これについてシェーンプルークは『経営経済学』において彼の「経済性は、…隠蔽された収益性以外の何物でもなく、かれが収益性観点をば選択原理とすることを、何故はっきり公言しないかが実際わからない」(Schönpflug 1933, S.281, 古林監修/大橋・奥田訳 一九七〇、二四八頁) と批判している。シュマーレンバッハは利益をあくまで私経済的収益性ではなく共同経済的経済性の尺度として扱う。そして全体経済的視点から「理論的研究に方向を与えるのは、私経済的経済性ではなく、共同経済的経済性である」(Schmalenbach 1919b, S.258) とする。

一九二六年の『動的貸借対照表論』(Schmalenbach 1926) において共同経済的経済性は共同経済的生産性として主張される。個別経済の経済性ではなく、共同経済的生産性といわれる国家経済的立場から全体経済の生産性の実現を目指すことになる (市原 一九五九、三六頁)。つまり彼の経営経済学の中心概念は共同経済的生産性となる。個別経済としての企業は単なる私的な営利追求の組織ではなく、全体的な共同経済の機関としての経済的経営と位置づけられ、国民経済全体の発展に寄与するものでなければならなかった。ワイマール体制の下での合理化政策の影響もあり、経済性、生産性の合理的な遂行といった実践的問題の解決が課題とされていた。そのため共同経済的経済性、共同経済的生産性を追求するシュマーレンバッハの経営経済学は技術論として性格づけられ、応用科学と特徴づけられる。また彼は人間の側面が経営問題として重要な側面であることを認めていたが、だが彼の経営経済学にあっては経済的側面にのみ関心を限定し、経済性、生産性を中心課題とする研究態度が貫かれる（岡田・永田・吉田 一九八〇、八〇頁）。

リーガーの私経済学（理論学派）

ドイツは一九二四年頃から一九二九年にかけて相対的安定期と呼ばれる資本主義の復権の時代となる。相対的安定期には外資導入による独占的競争が激化し、それに基づき合理化政策がとられる。そうした状況下において、企業者の私経済的視点を重視する研究がリーガーによってなされる。彼は一九二八年に『私経済学入門』（Rieger 1928）を著す。斯学界において、学問名称が私経済学から経営経済学へと移る流れの中で、リーガーは私経済学への回帰を主張する。彼の私経済学は理論学派に位置づけられ、企業の客観的な事実認識を目指す純粋科学、存在科学と性格づけられる。

研究対象を経営とする立場とは一線を画し、リーガーは企業を対象とする。まず彼は経営と企業を明確に区別する。経営を純粋な技術的制度と捉え、経営という技術的制度で経済が営まれるという。経営は技術的単位であり、それが経済的理念に組み込まれる場合に経済的単位になる。経営自体が経済ではなく、経営をもって経済が営まれる。経営は経済の手段、用具として扱われる。それに対し企業は本来一つの経済的理念である。この企業は経営に経済的理念である利潤追求が付加されることで現れる。リーガーは「経営あるいは経営経済が問題となるのではなく、研究対象は私的営利経済であり、特に企業である」(Rieger 1928, S.32) とし、企業を研究対象に措定する。彼のいう企業は利潤追求を通して貨幣転換過程と関わり、利潤獲得の実現を目指し活動する。彼の選択原理は収益性であり、「企業の目的は利潤を獲得することであり、企業者のために行うことである」(Rieger 1928, S.44)。企業は企業者によって利用され、企業者に利潤追求でもって奉仕する経営と解される。リーガーは企業の目的を企業者の目的と同一視する。そのため彼の私経済学は企業者経済学と称せられるべきものとなる。

リーガーによれば私経済学の課題は「国民経済の一環およびその構成要素としての営利経済、…企業を研究することにある」(Rieger 1928, S.72) と述べる。彼は企業を研究対象とするが、この企業の性格を国民経済との関係によって捉えようと資本主義経済を基礎に、企業と国民経済との内面的な連関を問題視した。また彼の私経済学は経済学という性格を持つものであった。これについてシェーンプルークは「リーガーがおしすすめ要請するものは、…個別経済学ではなくて、社会経済学である…両学問の間の原則的相違を強調する代わりに、かれは改めてその相違を抹殺し、社会経済学の体系へ私経済学を組み入れることに、全努力を傾ける」(Schönpflug 1933, S.402, 古林監修/大橋・奥田訳 一九七〇、三五一—三五二頁) という。リーガーは私経済学の樹立を試みるが、それはあくまでも国民経済学の一環としての私経済学であった。彼の研究にあっては直接的に人間が対象とされたわけではないが、強いていうならば、リーガーの私経済学における人間とは企業者であり、その企業者の私経済的目的達成に奉仕する経済学、企業者本位の経済学即ち企業者経済学の建設を目指したといえるのかもしれない。

三　第二次世界大戦後の経営経済学

グーテンベルクの経営経済学

第二次世界大戦後のドイツ経営経済学界の発展に大きな影響を与えたのはエーリッヒ・グーテンベルク（Erich Gutenberg）である。彼の理論は戦後に新しく現れたものではなく、すでに一九二九年に『経営経済理論の対象としての企業』（Gutenberg 1929, 高橋訳　一九七八）を公にしていた。その後、一九五一年『経営経済学原理』第一巻「生産編」（Gutenberg 1951, 溝口・高田訳　一九五七）の公刊により彼は斯学界で脚光を浴びる。続いて一九五五年に第二巻「販売編」（Gutenberg 1955, 溝口・高田訳　一九五八）、一九六九年には第三巻「財務編」（Gutenberg 1969, 溝口・森・小野訳　一九七七）を著す。これらは戦後の社会的市場経済原理に基づく経済政策と相まって展開された。

グーテンベルクは純粋科学としての経営経済学を構築しようとする。彼の経営経済学は企業の一般理論とされる。彼はそれまで個別領域、例えば生産、販売、財務などの領域について別々に研究されていた立場とは異なり、個別領域を体系的に取り扱う。ミクロ経済理論を用いて企業における生産、販売、財務といった領域の関数関係を明らかにし、個別領域の基礎にある全体的な関連を意識し体系的に捉える。そこでの課題は、経営経済学の理論的深化とその体系化にあった。体系化とは、ドイツ経営学の一つの特徴である一般経営経済学（経営学総論）の建設を意味し、それは彼の『経営経済学原理』において実現する（田中一九九八、一〇一頁。海道二〇〇一、一七頁）。

彼の経営経済学では生産性が中心に据えられ、純粋経済理論を基礎にした理論が展開されるため生産性志向的経営経済学と称される。そこでは社会的市場経済原理に基づいた経済政策が反映される。その特色は㈠競争秩序の維持・形成、㈡社会的介入の規制、㈢生産手段の私的所有の維持・拡大にある。この経済政策を背景として、それに対応するかたちで企業を㈠営利経済原理、㈡自律原理、㈢単独決定原理からなる統一体として捉える。これらの原理は資本主義経済体制下の企業に存する経営事実である。

グーテンベルク理論の特徴は、企業を生産要素の結合過程と捉えることにある。生産要素は人間の労働給付、経営手段、材料から構成され、これらは基本要素と呼ばれる。人間の労働給付をさらに対象関連的労働給付と管理的労働給付に分け、後者の管理労働を第四の生産要素と位置づける。これを営業‐経営管理とし、その職分は三つの基本要素を結合して一つの生産的統一体を形成する。生産要素の体系において第四の管理要素が支配的な立場にあり、基本要素は被支配的な存在となる。生産要素の結合は意識的な人間行為によって行われる。つまり管理労働を遂行するのは企業指導者であり、「経営が達成する質的水準は管理する人物の能力によって決定される。…第四の要素の本質を取り決める個人的な性質に依存している」（Gutenberg 1951, S.104, 溝口・高田訳一九五七、一〇九頁）とし、最終的に人間個人の資質や恣意性に依存せざるを得ない。生産性と関連してこの管理要素を重視する点もグーテンベルク経営経済学の特徴である。生産性を中心とした彼の理論は企業成長の経営経済学として性格づけられ、企業の成長理論として高く評価された。だが生産性の理論にこだわりすぎたために機能的視点から人間の労働給付を捉え、人間性の問題を無視することになる（大橋編一九九一、三〇二頁）。つまり他の生産要素である経営手段と材料と人間の労働給付を同格に扱い、それらを物財として同一視する。こうした彼の機能的視点から人間の労働給付を扱うという思考は、一九六〇年代後半にドイツ経済が後退し始めると批判の対象となる。

グーテンベルク以降の経営経済学

一九六〇年代後半にドイツの景気は後退し経済政策に大きな変化が生じる。一九六七年には経済安定成長促進法の施行により市場経済への国家の介入が進められ、また一九七二年には経営組織法が改正され、その後一九七六年に共同決定法が成立し労働者の経営参加が拡大する。そして、労働者の利害、労働の人間化などの課題が重視されるようになり、そうした変化は経営経済学にも反映される。

この頃、斯学界は多元的様相を呈し、固有の方法と内容を持った理論が次々と現れる。その生成にはある学問が影響していた。それはアメリカ経営学と現代科学理論である。一方で意思決定論、システム論、行動科学などのアメリカ経営学の導入による影響を、他方で論理実証主義や批判的合理主義といった現代科学理論などの方法論的な影響を受け、新たな理論の生成へと繋がっていった。例えば、企業を意思決定の視点から解明するエドムント・ハイネン（Edmund Heinen）の意思決定志向的経営経済学、システム論のサイバネティックスの原理を援用するハンス・ウルリッヒ（Hans Ulrich）のシステム志向的経営経済学、また人間問題を重視するエーリッヒ・ロイトルスベルガー（Erich Loitlsberger）、ボルフガング・H・シュテーレ（Wolfgang H. Staehle）などによる新規範主義経営経済学、労働者利害の観点から経営経済学を批判的に捉えるドイツ労働組合総同盟（Deutscher Gewerkschaftsbund）による労働志向的個別経済学、さらには利害多元的視点より理論の構築を目指すラルフ－ボード・シュミット（Ralf-Bodo Schmidt）の企業用具説、クラウス・シュミーレヴィッツ（Klaus Chmielewicz）やホルスト・シュタインマン（Horst Steinmann）の企業体制論などが現れる。それらは経済社会の変化、さらにはアメリカ経営学や現代科学理論の影響を受け生じた。本章ではそれらの中でとりわけ人間問題を扱っている新規範主義経営経済学、労働志向的個別経済学を取り上げ、それぞれの特色を考察する。

ロイトルスベルガーとシュテーレによる新規範主義経営経済学

一九七〇年代には労働者の経営参加も拡大し、労働の人間化が盛んに議論され、そうした社会状況が経営経済学にも反映され、人間の問題が取り上げられる。企業を対象とし、そこでの人間問題を重視して、経営のあるべき方向を求める規範的性格を持った経営経済学が現れる。それはロイトルスベルガーやシュテーレなどによる新規範主義経営経済学である。両者とも経営経済学へ人間重視、人間尊重という規範の導入の必要性を主張する。ロイトルスベルガーは一九七一年に「経営経済理論の決定要素としての超経済的価値観と法秩序」(Loitlsberger 1971)を、シュテーレは一九七三年に「経営経済学への規範的言明の導入に関する弁論」(Staehle 1973)という論文を著し、そこで人間の問題が検討される。

ロイトルスベルガーはグーテンベルクの生産性志向的経営経済学における人間の取り扱いを問題視する。それは人間用具視的な方向、つまり人間の労働が用具として扱われることに対する批判である。本来人間は主体的存在であり、他の生産要素である経営手段や材料などの物財と区別され、異なった扱いが必要である。物財はその投入の際に価値判断を伴わないが、人間は価値財であり、生産要素を結合する際には価値判断がなされる。彼は物財と価値財とを同一視する要素同質化を批判する(Loitlsberger 1971, S.84ff)。そして経営経済学において人間が対象とされる場合には、人間の平等、人間の尊重を核として、現実的規範を重視する社会政策的視点を取り入れた規範的・価値的言明、政策的発言が導入されなければならないとする(深山・海道編 二〇〇一、一一頁、森 二〇〇三、三七頁)。

一方、シュテーレはドイツ基本法における民主的原則に見られる社会的人格主義を基礎として基本的人権や人間的権利といった社会的規範を経営経済学に導入することを主張する(Staehle 1973, S.194ff, 1975, S.714ff)。シュテーレもグーテンベルクの人間の取り扱いの問題点、つまりロイトルスベルガーと同様に生産要素について物財と価値財が同一視される点を批判し、価値判断の必要性を訴える。それらを同一視する原因は人間の労働力を商品として販売する賃金労働者に関するカール・マルクス（Karl Marx）の分析が無意識のうちに導入されていることにあるという（Staehle 1975, S.717）。

ドイツ基本法で保障され、社会的にも承認されている人間重視・人間尊重といった規範を経営経済学に導入すべきとする彼らの主張は、当時の民主化運動、さらに国家政策に沿うものであった。彼らが目指した経営経済学は、社会倫理的規範の価値観に基づく理想主義的傾向を有するものであり、それは、ニックリッシュの再評価として現れた「人間主義的」経営経済学というべきものである（海道・大橋編 一九八六、一二頁）。だが彼らの新規範主義経営経済学は、批判的合理主義の立場から批判され、新規範主義経営経済学論争に発展する。

ドイツ労働組合総同盟による労働志向的個別経済学

一九七二年の経営組織法の大幅改正、一九七六年の共同決定法の成立と労働者の経営参加を求める動きが活発化する中で、これまでの経営経済学が資本志向的経営経済学であり労働者の利害を考慮しない点を批判し、労働者利害を中心課題とする立場から新たな取組みがなされる。それはドイツ労働組合総同盟に付属する経済・社会科学研究所のプロジェクトグループによるものであり、一九七三年に『労働志向的個別経済学対資本志向的経営経済学』（Projektgruppe im WSI 1973）、一九七四年には『労働志向的個別経済学の基本要素』（Projektgruppe im WSI 1974）にまとめられ、そこで労働志向的個別経済学が提示される。プロジェクトグループは従来の経営経済学の研究対象は営利原則に基づく企業であり、そこでは主として資本志向的合理性が問題とされ、要素投入量の結合による貨幣量的問題が関心事となり、収益性に直接的に関係のないものは等閑に付される点を批判する。また企業において労働者は要素として捉えられ、労働者個人の利害は軽視、無視される点を問題視し、それを改善すべく労働者利害の立場から労働者の自己実現を目的とする労働志向的利害に方向づけられた検討がなされる。

この労働志向的個別経済学では、資本志向的合理性に代わる解放的合理性に基づく新しい個別経済学を展開しようとする。資本志向的合理性では貨幣量で表現される収益性や利潤最適化といった一次元で捉えられるのに対し、解放的合理性は貨幣量で把握される要因のみならず、それ以外の数量化可能な自然科学的データ、社会科学的データ、さらに数量化不可能な生活の質なども包含し多次元で捉える（Projektgruppe im WSI 1974, S.99）。資本志向的合理性では個人主義的な利害が前提とされるが、解放的合理性では労働者が労働生活において民主的に自己決定し自己実現を目指すこと、労働の人間化が強調され、また労働者利害の実現過程では集団的・連帯的志向が要求される。そして労働者の自己実現の向上、即ち解放的合理性を向上させるための本質的な要因が検討される。それは個別経済レベルと全体経済レベルに分けられ、個別経済の領域では、具体的に労働場所の確保、所得の確保、労働の最適形成という三つの要因が検討され（Projektgruppe im WSI 1974, S.103ff）、これに対して全体経済の領域では生活の質の維持と向上が目指される（Projektgruppe im WSI 1974,

S.130ff)。労働志向的個別経済学では労働者利害、つまり個別経済レベルの利害が考慮されると同時に全体経済レベルも検討される。この両レベルは相互に影響し合う関係にあり、全体経済が充たされることにより労働者の利害の向上が実現するものと考えている。民主化とともに労働の人間化の強調は労働志向的個別経済学の基本的性格を表す。従来の資本志向的経営経済学において軽視、等閑視されてきた労働者の存在、労働者利害を中心に据え、その利害を擁護するという立場から労働者本位の理論が展開される。それは資本主義企業が有する非人間的・反社会的性格の変革を企図したものであり、学界だけでなく広く社会からも注目された。

四　人間中心的な経営経済学へ

シェーンプルークは既述のように、『経営経済学』において経営経済学を規範論学派、技術論学派、理論学派に分類した。そうした学派の分類の根拠は、そこに価値判断を認めるか否かということにある。つまり認識の起源を理性に求めて価値判断を行う規範論学派と、それを経験に求め価値判断を認めない技術論学派、理論学派に彼は分類する。経営事実のあるべき姿をも論じるのか、あるいはそのまま捉えるのかということであるが、これは別の見方をすれば価値判断を伴う「人間」をいかに捉えるかといったことでもある。それは人間を形成的な力を有する主体的存在として認識するか、あるいは物財として認識するかということであり、そうした認識をもとに構築される経営経済学の性格は大きく異なる。ここでは人間を主体的存在とし、それを中心に据えた理論としてニックリッシュ経営経済学を再検討する。

ニックリッシュ経営経済学では人間が中心に据えられるとしても、彼は人間をどのように捉えているのだろうか。彼の人間の捉え方を知る手がかりは『組織論』にある。この著書ではドイツ観念論哲学、自然科学的唯物論、浪漫主義的世界観といった哲学的世界観を基礎として人間が捉えられる（Schönpflug 1933, S.193ff, 古林監修／大橋・奥田訳 一九七〇、一七二―一八二頁）。「人間は有機的に作用する力であり、この力は人間が自己活動的に自らを意識していることである。したがって人間は精神である。…精神が『自己活動的に自己を意識していること』、それが良心である」（Nicklisch 1920, S.17, 鈴木訳 一九七五、三二―三三頁）とし、良心を持った人間が彼の理論の出発点に据えられる。そして共同体を構成する人間を、全体であると同時に部分（肢体）でもあるという二重的性格を持つものと捉える。共同体とは肢体としての個別的存在から生じる有機体であり、また一体化の側面が現れることで有機体が共同体になり、それが組織である。組織には法則があり、その「組織法則は人間に、さらに人間の良心に与えられたものである」（Nicklisch 1920, S.50, 鈴木訳 一九七五、八一頁）という。組織法則には根本法則である良心の法則とその派生法則として形成の法則、維持の法則（経済法則）が位置づけられる。『組織論』におけるこのような哲学的色彩を帯びた人間の捉え方と組織法則が『経済的経営学』、『経営経済』に持ち込まれ、それらを基礎にして理論が展開される。

ニックリッシュは経営を本源的経営と派生的経営に大別し、後者に企業を位置づけた。この企業は共同体であり、彼はそれを労資共同体とみなす。企業を労資共同体とみなす根拠は組織法則の維持の法則に求められる。この法則は「一定の基礎から最大可能な結果を達成すること、目的とされた結果を基礎の最小可能な費消で達成すること」（Nicklisch 1920, S.94, 鈴木訳 一九七五、一四五頁）とされる。これは普遍原理としての経済性を意味する。また維持の法則は経営構成員の給付に対して成果の公正な分配を要求する。普遍原理の経済性が貫かれることで成果の極大化が図られ、その成果が経営構成員の給付に応じて公正に分配される。経営成果は成果獲得過程の結果であり、それは成果分配過程において企業者や労働者など経営構成員に分配される。『組織論』ではまだ直接的には経営成果という概念は出てこないが、しかし維持の法則に後の経営成果概念と経済性思考の存在を垣間見ることができる。実際に『経済的経営学』では「経済性は経営経済的生産過程において形成および維持の法則が支配している」（Nicklisch 1922, S.81）と述べる。このように『組織論』以降、維持の法則はニックリッシュ独自の成果に対する分配の経済性として現れる。こうした考え方はニックリッシュが経営構成員である企業者（資本）と労働者（労働）を対等に扱っていることによるものであり、そのため共同体は労資同権に基づく労資共同体となり、厳密にいえば労資同権的共同体を意味する。我が国のニックリッシュ研究の代表者である市原季一は、ここに取り上げた人間中心的立場からの労資同権的共同体論と経済性論をニックリッシュ経営経済学の現代的意義があるものと評価する（市原一九八二、八七頁）。

ニックリッシュ経営経済学の出発点には欲求する人間が据えられる。人間は欲求充足のために企業という組織と関わり、企業の目的達成でもって個人としての人間の目的を達成することができると考える。彼は企業ないし経営を研究対象として経営経済学を構築するが、その元を辿れば「欲求する人間が…すべての組織のアルファとオメガである。…人間は組織の中心にある」（Nicklisch 1920, S.50, 鈴木訳 一九七五、八二頁）とし、人間に行き着く。つまり組織は経営共同体を意味し、経営共同体は企業であり、その企業は労資同権的共同体である。その中心には人間が据えられ経営経済学が展開される。そのためニックリッシュは「人間中心的」立場の経営経済学の鼻祖に位置づけられる。

ニックリッシュの経営経済学、ロイトルスベルガーやシュテーレなどの新規範主義経営経済学、ドイツ労働組合総同盟の労働志向的個別経済学などにおいて人間の問題が重視されていた。そうした理論の背景には労働者の経営参加、共同決定、またそれに関連する共同決定法や経営組織法など、さらに労働の人間化などがあり、このようなドイツ特有の社会政策や法律などを反映し、人間の問題を対象とし、それを重視した経営経済学の構築がなされる。こうした経営経済学を「人間中心的経営経済学」と名付けることができる。そしてこのような人間の主体的意義を重視する方向は、ドイツ経営経済学における一つの特色といえるだろう。

（西村　剛）

注

（1）Schönpflug, F. (1933), *Das Methodenproblem in der Einzelwirtschaftslehre*, Stuttgart.（古林喜樂監修／大橋昭一・奥田幸助訳『シェーンプルーク　経営経済学』有斐閣、一九七〇年。以下、本文では『経営経済学』と略す。）

（2）拙稿（二〇〇二）「ニックリッシュ経営経済学における研究対象の変遷—『企業概念』と『経営概念』について—」奈良産業大学『産業と経済』第一七巻第四号、参照。

（3）Nicklisch, H. (1912), *Allgemeine kaufmännische Betriebslehre als Privatwirtschaftslehre des Handels (und der Industrie)*, Leipzig.（以下、本文では『商事経営学』と略す。）

（4）Nicklisch, H. (1920), *Der Weg aufwärts! Organisation*, Stuttgart.（鈴木辰治訳『組織　向上への道』未来社、一九七五年。以下、本文では『組織論』と略す。）

結　章　現代経営学と人間
――知性人の時代へ――

一　わかったこと

以上、本書ではテイラーの科学的管理による経営学の成立以来、メイヨーらによる人間関係論の展開やバーナードによる近代組織論の樹立を経て、ドラッカーの言説、行動科学や人的資源管理論の発展に至る、経営学における人間の扱われ方に焦点を当てて解説してきた。さらに、アメリカの経営学史の展開とは異なるドイツ経営学における主要学説とその潮流についても、人間の取り扱われ方に焦点を当てながら概観した。

本書の結びに当たるこの章では、これまでの諸章の分析を通じわかったことを要約し、現代経営学における人間の果たすべき役割と今後の課題をどのように捉えることができるか、検討してみることにしよう。

人間の捉え方と位置づけ

これまでの諸章における分析から導出される最も重要なポイントは、経営における「人間」の位置づけとその内実、意味合いが時代を通じて変化していることである。人間という存在が議論される文脈が時代の変遷とともに移り変わってきているのである。

テイラーの科学的管理が考案された二〇世紀初頭にあっては、最優先されるべき社会的課題は、何を差し措いても、まずもって人々の経済生活の水準を向上させることであった。テイラーは、差別的出来高賃金を導入することで作業能率を向上させ、労働者の所得を増大させて物質的に豊かな生活を享受できることこそが人間的であると考えた。時間動作研究により作業員の無駄な動作を省き、合理的な体の動きを体現することは労働の苦痛を和らげるものであり、科学的管理は後に労働組合から激しい反発を招いたものの、むしろ人間らしさを追求するものであると考えられたのであった。このように、科学的管理の考案された時代にあっては、「人間」は何よりも日々の豊かな生活を享受できる経済性を追求する存在として位置づけられていた。

科学的管理に基づく労働者管理がうまく機能しなくなり、次に注目されたのが人間の感情や情緒の側面であった。メイヨーらがホーソン・リサーチを通じて発見した事実は、職場には公式な職制に基づく体系以外に、インフォーマルな仲間集団が存在しており、こうした非公式集団が独自の規範を有しパフォーマンスを左右しているという点であった。経済合理性を追求する人間像ではなく、むしろ仲間との良好な関係性を求める人間像が明らかになった。こうして人間は、ただ単独の個人としてではなく集団との繋がりの中で生きる存在であることが事実として発見されたのであった。いわば、個人と彼（女）が属する社会という状況の中で人間が捉えられることになったのである。

人間の有するそうした非合理的側面をも含む全人的特性を追究し、人間を自由意思を持つ存在として捉えて精緻な組織理論を展開したのがバーナードである。バーナードによると、人間を、限定された一時代の労働者が共有する特徴のみで経済人とか社会人とか捕捉するのは正しい人間理解とはいえず、人間はそれ自体、存在全体として全人的に捉えられなければ正確な理解に繋がらないという（河邉二〇一一、三八頁）。また、人間が有する自由意思も、多様な物理的・生物的・社会的諸要因によって制約を受けており、完全な自由意思に基づいて行動できる存在としては捉えられない。組織での協働を考えるにあたっては、こうしたトータルとしての人間の特性が理解されねばならないとバーナードは説く。人間とは何か、組織を経営することの意義は何かといった根源的な問いを、経営者が自ら常に考えておくことの重要性が示されたといってもよい。

バーナードと同様、人間を自由と責任を持った主体として捉え、個々人が社会的な位置や役割を果たすことの重要性を指摘したのがドラッカーである。ドラッカーによると、二〇世紀末から二一世紀にかけて本格化する知識社会のもと、各人が自身の専門分野やそこでの知見を他者に教示し、人々の間の相互交流が活性化することによって社会的な革新が起こり、社会が発展していくものと捉えられる。本来的に、人間は社会的な存在であり、社会が正当性を持ち正しく機能することによって、人間は幸福に過ごすことができると彼は説く。社会の健全な発展と人間の幸福を考えようとすれば、営利企業のみならず非営利組織や地域コミュニティも対象として捉え、それらの総合的な発展を視野に入れざるを得ない。このように、ドラッカーは人間を社会の中に生きる存在として位置づけ、人間個人の幸せと社会発展の双方を真正面から捉えようとしたのであった。

ドラッカーは社会との相互交流という観点から人間個人を捉えたが、ドラッカーとほぼ重なり合う時期に、人間個人としての存在により大きく焦点を当てる契機をつくったのが、アメリカを中心に急速に発展しつつあった行動科学であった。行動科学は、人間行動を科学的に観察・計測・分析することを介し法則性を解明しようとする科学の動向で、第二次世界大戦後、経営学にも大きな影響を与えた。とりわけ、モチベーションやリーダーシップ、コミットメントといった経営学の諸概念を通じて経営組織における人間行動の解明に役立っている。第六章で紹介した諸理論は、いずれも人間個人の行動に焦点を当て、それらを科学的に解明することを通じて法則化し、予測可能性を高めることが企図されている。いわば、人間の心理や感情、情緒といった非合理的側面をも科学的な解明が可能であるとの認識のもとに発展したのが、行動科学的なマネジメントであったといってよい。

こうした個人への焦点化をさらに進め、一人ひとりの人間を異なる資質や能力を持った資源であると見立て、企業にとって競争優位に資する有益な存在として認識したのが人的資源管理論である。人間は、企業戦略から導かれる施策と緊密に連携を取り、市場に即応できる能力を具備する知的存在として捉えられる。バーナードやドラッカーの所説では留意されていた個人の動機や心情などの社会心理的諸要因や社会全体の発展といった視角はむしろ後退し、人間は身も心も丸ごと「資源」であり、磨けば光る人材（「人財」）として捉えられるべきなのであって、専ら企業の経済性や成長に寄与する機能的存在として捉える視点が、人的資源管理論の顕著な特徴をなしている。

以上で概観したようなアメリカ経営学の展開とは独立に、ドイツ経営経済学における人間の捉え方についても検討が加えられた。結果、ドイツ特有の社会政策や法律を反映しつつ、ニックリッシュの経営経済学やロイトルスベルガーらの新規範主義経営経済学、ドイツ労働組合総同盟の労働志向的個別経済学など、人間にまつわる諸問題を基軸に据えた一連の系譜がドイツ経営学においても存在し、実際、労働者の経営参加や共同決定、労働の人間化などが具体的テーマとして議論されてきたことが確認された。

人間観の変遷

以上の流れを踏まえれば、経営学における人間観の変遷を、概ね以下の三点に要約することができるであろう。

第一に、時代を下るにつれて、「人間」として想定される単位が、現場における労働者から全従業員層へと拡大されていることである。とりわけ、テイラーの科学的管理やメイヨーらの人間関係論など古典的管理論で管理の対象として扱われていたのは明らかに現場の労働者層であった。科学的管理では現場で働く労働者の組織的怠業をいかに防ぎ、真剣に労働する気にさせるかが出発点であったし、ホーソン・リサーチにおいても製造部門傘下の工場で働く作業員が対象となっていた。その後、バーナードでは、個人と組織の相互関係という視点を取り込んでより抽象化され、ドラッカーにおいては管理職層の意義や役割にも言及していることからも窺えるように、人間として想定される層は、時代を経るにつれ労働者層を越え、管理職層をも包摂した理論の構築が志向されている。行動科学や人的資源管理の諸理論においても、現場の労働者層からより広く従業員全般が視界に含められて立論されていることは明らかである。誤解を恐れずにいえば、時代を下るほど関心はむしろ管理職層の方に重きが置かれた理論構築がなされているといってよい。

第二には、時代とともに従業員全般が関心の対象になるとしても、その分析単位については集団全体（マクロ）から個々人一人ひとり（ミクロ）へとシフトしていることである。科学的管理や人間関係論の下では、労働者集団全体が一括りにされ、賃金や仲間意識を求める存在として捕捉されていたのであった。集団全体の誰もが全員同一とはいわないまでも、同じ労働者として類似の欲求を持ち、同じような行動をとるものという前提が暗黙裡に伏在していた。しかし、バーナードやドラッカーでは個人間の差異、即ち多種多様なタイプの人間が存在することを念頭に置いて立論されているし、そうした人間捕捉のされ方はその後の行動科学や人的資源管理論にも受け継がれている。人間観のこのような移り変わりの背後には、同じ職種や業務に就いている人間であっても、働く一人ひとりは異なる性格や資質、能力を有する存在であり、したがって組織目標への関わり方も当然に異なるはずだとする視点の変化があるといえるだろう。

そして第三には、時代を経るにつれ、受け身で環境に支配される人間観から、徐々に能動的・主体的で、自らの能力を発揮して環境を変えていくことのできる人間観へと変遷が見られるという点を挙げることができる。科学的管理では経済的刺激に反応する人間像、人間関係論では仲間集団を希求し満足する人間像であったが、それらはいずれも受動的な人間が想定されていたのであり、人間が自らの目的達成へ向け行動を起こすといった想定はされていなかった。これに対し、バーナードの想定した個人は、組織とは独立に自立し、自ら環境を変えていく自律人であった。ドラッカーにおいても、人間は主体的に教え学ぶことを通じ、知識を有して社会に生きる存在として捉えられている。行動科学の諸理論においても、個人はモチベーションを高め主体的に環境を変える存在として認識されているし、人的資源管理論においても、人間は戦略的な資源であり、企業業績の向上や競争優位に資する主体として捕捉されている。テイラーが想定していた無能で愚鈍な労働者という人間観から、主体的に環境を動かすことのできる人間観、そして、涵養された諸能力をいかんなく発揮し、さまざまな事象に対処できる、ある意味で万能で機能的な人間観へと変化を遂げてきているのである。

　では次に、今日の経営学を取り巻く諸状況とそこでの人間観をわれわれはどのように捉えることができるであろうか。この論点について節を改め検討してみよう。

二　経営学の現況と人間

市場化と科学化の進展

ここでは、現代経営学の射程範囲を、概ね一九八〇年代以降における経営学の研究動向の変遷を指すこととしておこう。経営学の各領域が変化へ向けて舵を切り始めたのが一九八〇年代、そしてその具体的方向性が明確になり始めたのが一九九〇年代以降であると思われるためである。もっとも、その変化の兆しが水面下で見られ始めた時期まで含めると、一九七〇年代後半も含めることができるかもしれない。やや幅があるが、現代経営学として概ね一九八〇年代以降に展開し確立された大きな理論的潮流を理解することにしよう。

ではその「変化の方向性」とはどのような方向であると捉えられるか。端的にいうと、それは「市場化」と「科学化」という二つの大きなうねりである。ここに「市場化」とは、企業環境とりわけ市場への即応性を希求して企業の内部構造を変革していこうとする志向を、そして「科学化」とは、科学の基本原理である因果律を厳格化し、予測の精確性を可能な限り向上させようとする志向を指している。

経営学にこうした変化が見られるようになった背後には、画一的な大量生産による工業社会から、多様な需要からなる情報化社会への移行、流通・サービス・金融社会への移行がある。消費者ニーズの多種多様化と情報通信技術の飛躍的発達により、企業が利潤拡大に際して最も重要な鍵となるのが、いかに迅速に市場に対応できる体制を組織的に整備するかという点であった。こうした現実社会の動向を反映して、経営学研究のそれぞれの領域においても、企業が迅速に市場対応するための方途を基軸にして理論構築がなされるようになったのである（高橋 二〇二二、五一頁）。

まず、経営戦略論という領域の開拓・展開がある。大局的な視点からごく簡潔に要約するなら、一九七〇年代以前の経営学では、組織内に閉じた、クローズドシステムとして経営が暗黙の前提になっていた。そこから、企業は市場の動向をいち早く掴んで事業計画を立てたり、環境に能動的に働きかけて市場を創造したりといった、企業外部の市場を視野に入れたオープンシステムとして理解されなければならないという方向へと、大きく転換されることになった。いわば、企業が、内部における制約の認知と主体的な選択、環境への能動的な働きかけを行うことを含意して経営戦略論の大きな潮流が生まれることになったのである。これと並行する形で、いわゆるビジネスモデル革新や事業システムの構築に関する研究も盛んになっていった。

企業にこうした市場への迅速な対応が要請されるとすれば、当然に組織内部の構造や過程も固定的でよいわけがなく、環境変動に応じて適宜柔軟に変更が可能なものでなければならないはずである。環境に応じて適切な組織構造は異なるとするコンティンジェンシー論の命題が編み出されたのは、ある意味で当然の流れであった。硬質で強靭な官僚制組織ではなく、流動的で創造的な組織の必要性が学界で議論されたのは、こうした文脈においてである。加えて、組織で働く人々も、本書第七章で検討されたように、至上命題である市場への迅速な対応に対処すべく、身も心も丸ごと機能的で有益な資源とならざるを得ないと考えられたことから、人的資源管理論が登場するに至ったのであった（高橋 同上書、五一―五六頁）。

こうした経営学の市場化と軌を一にして、現代経営学のもう一つの潮流である「科学化」も着々と進展してきた。初期状態が決まれば結果も一義的に決まるよう、その条件の具体化や可視化が進められ、法則性の定立や予測確度の精緻化が求められるようになっていった。その結果、現在置かれている状況を厳密に測定し、それを操作化し定式化することで何らかの帰結を求めるタイプの実証的な研究が支配的になってきた。

経営学史学会の第二四回大会（二〇一六年）でも議論されたように、社会の思想や経営の理念を正面から取り上げて論じようとするスタイルの研究が影を潜め、ある一定の価値前提を所与にした下でのデータを収集し分析を施すといったスタイルの実証的な経営学研究がとみに増加することとなっていった（池内 二〇一六、一三―一六頁）。

科学化の進展に伴い、人間とは何か、人間はどう捉えられるかといった類の人間存在そのものへの関心が現代経営学においては徐々に失われつつある状況にあるといっても過言ではない（上林 二〇二〇b、一〇頁）。

知性人モデル

従前より経営学においては、人間モデルないし人間仮説と称して、人間とはどのような存在で、どのように行動するのかということがしばしば議論され、理論の根幹に据えられてきた。経営にとっては、人間を動かす前提として、組織における人間行動をいかに捉えるかが人を管理するうえでの基本となるためである。慣例に従うならば、テイラーの科学的管理は経済人モデル、ホーソン・リサーチにより明らかにされた人間モデルは社会人モデル、バーナード理論では自律人モデルや全人仮説、行動科学で展開されたモチベーション論をもとに自己実現人モデルなどと称されてきた。

組織における人間行動はこうした一面のみで捉えるのではなく、経済人的なところも、社会人的なところも、あるいは自律人や自己実現人的なところも併せ持つ複合的な存在として捉える必要があるとして、シャインにより複雑人（complex man）なる概念も提起された。複雑人モデルという呼び方がされることもあるが、第六章でも見たように、正確にいえば複雑人モデルはモデルと呼ぶにはふさわしくない。モデルとは、特定の事象に関して、その特徴を端的に捉え簡潔に表現するとどのように表すことができるか、その構成要素とそれら相互の関係性を定式化したものである必要があるためである。人間の特徴的な本質的側面を捉えて、それを端的に表現しようとするものでなければ人間モデルと称することは難しい。

シャインによる複雑人モデルの登場以降、人間モデル論はいわば解決済みの問題として、あるいは社会が多様化・多元化する今日にあっては特定の人間観など考えにくいし、たとえ想定しても経営にとって有益ではないと考えられたためか、ほとんど議論されることのない状況のまま今日に至っている。

しかし、企業をはじめとする組織の経営において、人間が現代においてもなお重要な役割を果たすとすれば、現代経営学において「人間とは何か」という問いに答えようとする努力はそれなりになされて然るべきであろう。では、現代企業社会における人間モデルを敢えて言語化するとすれば、それはいかように捉えることができるだろうか。

ここでは現代に相応しい人間モデルとして「知性人モデル」を提唱してみたい。ここに「知性人」とは、さまざまな状況に直面した際に、その状況を的確に把握し、そこに関わる道理を自身で判断し対処していける人間を指している。そもそも知性（intelligence）という用語は、「物事を知り、考え、判断する能力」を指す語彙である（『大辞泉』小学館）。さまざまな事態に直面した際、その道理を正しく判断し、筋道を立てて処理できる能力が、この知性という用語のうちには含意されている。

まさにこうした状況把握力、筋道を立てて論理的に物事を考える真の思考力こそが、今われわれが必要とされている能力である。多種多様な要素から複層的に構成され、組織を取り巻く環境が大きく変動し、昏迷の程度がかつてないほど高い現代社会にあってはなお一層、われわれが生きていくうえでこうした知性は必須のものとなるはずである。

これまで、経営学においては、知識社会や知識人、知識管理などという語に典型的に見られるように、「知識」（knowledge）という用語が使われることが多かった。しかし、ここで敢えて「知識」ではなく「知性」という用語を使うゆえんは、「知識」という語が、物事を知るという行為それ自体やそのコンテンツを示す用語であるのに対し、「知性」という語は、知った知識を自身の頭で理解したうえでいかに使うか、その有効活用の側面に重点を置いた語彙であるからである。また、「知識」は知識量という表現がされることからも窺えるように、量的次元を暗黙裡に想定して使われ、しかもそれは多ければ多いほど望ましいことが暗黙の前提とされるのに対し、「知性」という語はより質的なニュアンスがあり、そのときどきの局面に応じて人間が知識をうまく活用するという意味での人間の賢明さをより強調できる語彙であると考えるためである。

ドラッカーは、一九六九年の著作『断絶の時代』(Drucker 1992c) において、知識経済をその根底から支える高度な専門的知識を有した労働者を知識労働者と呼んだが、現代社会において経営に必要な知識は何も専門知識に限定されるわけではない。いつでもどこからでも市民自らが発信できるようになった現代、インターネット空間に溢れるさまざまな情報を、真に信頼できる情報と怪しげで疑わしい偽の情報とをきっちり選別し、取捨選択したうえで経営や日常生活に活かすためには、知識を活用するもととなる知性が必要不可欠である。

現代企業においては、従前から知的能力が必要とされてきた管理職層や研究開発業務従事者に加え、作業組織で働く現場作業員やオフィスでデスクワークに従事するホワイトカラーも、多様な情報を自ら評価・判断し、意思決定を行う能力が要請される(三輪 二〇一五、三一―七頁)。ICT (Information Communication Technologies) の導入により大半の定型業務の機械化が可能となった昨今、正社員にも非正社員にも、程度や範囲の多寡こそあれ、ここでいう「知性」を働かせ、業務に従事することが必要な時代となっているといってよいであろう。

では、人間のこうした知性を活用しながら、現代企業では、具体的にどのような形で今日的な経営の諸問題を解決することができるだろうか。現代社会を読み解くうえで重要な鍵概念となっている「多様性」、「人工知能」（ＡＩ）、そして「グローバル化」という三つのキーワードに特に着眼し、次節で検討してみることにしよう。

三　現代企業の経営革新

多様性

多様性は、現代社会を読み解く最重要キーワードの一つとなっている。多様性を尊重する共生社会の実現が求められているし、ここ一〇年ほどの学術界のトレンドを振り返ってみても、自然科学における生物多様性の議論をはじめ、人文社会科学においても人種の多様性、文化多様性や地域多様性など、さまざまな局面でこの多様性という概念が用いられている。経営学においても、多様性を活かす経営の重要性が指摘されて久しいし、株式会社の取締役会における（性別等の属性やバックグランドの）多様性や働き方（働く場所や時間、雇用システム）の多様性、ワークライフバランス論などでの個人生活の多様性などの形で、まさに多様性を重視したマネジメント（ダイバーシティ・マネジメント）の必要性がまことしやかに説かれている。
こうした多様性の重要性は、これまで一様性が高いとされてきた日本社会はもとより、国連が二〇一五年に国連サミットで採択したＳＤＧｓ（持続可能な開発目標：Sustainable Development Goals）においても、今後のわれわれが諸活動を展開するうえでの基本指針の一つとして取り上げられるなど、多様性は、まさに世界的なトレンドを示す最重要な鍵概念となっている。

社会において多様な価値観が重視されるトレンドは真剣に考えられなくてはならず、こうした観点からすれば、多様性を重視しようとする昨今の議論は正論である。誰もがその存在を認められ、自身の考える価値に従って生きられる社会にしていくことは、現代を生きるわれわれの重要な責務であるといっても過言ではない。

しかし、多様性に配意した昨今の経営の議論においては、例えば女性活躍推進を進める観点から、取締役会に女性の割合が何パーセントであるとか、労働時間が実際にどの程度短縮されているかといったような、形式的な数値指標が中心になってしまっているケースがあまりにも多い。数値目標の達成は重要で、それへ向けて組織的に努力することは意味のある取り組みではあるが、あまりにそればかりが強調されると、実際に何のために多様性を入れることが重要なのかが忘れられがちになる。数値目標を達成するにはどうしなくてはならないかといった本末転倒な議論ばかりに集中してしまうことにもなりかねない。実際、行政や経営の現場では、多様性を求める本来的意味をあまり顧みず、数値目標の達成をもって良しとするような本末転倒な議論が行われている事例も散見される。

また、多様性の議論において看過されがちな点は、こうした数値目標が達成される限りにおいて、そこへ至るプロセスは多様であっても許容されるし、さまざまな可能性を認めようという形での、いわば「プロセスの多様性」の容認に過ぎないということである。結果については、ことビジネスの局面においては、多様であってよいとは、なかなかならない。いわばプロセスの多様性を許容する代償として、所期の結果はむしろきっちり出さなければならない。

経営としては、プロセスへの制御は緩くなり、さしたる関心が向かないわけであるから、ある意味、結果にこだわる姿勢やプレッシャーはむしろ強化されることとなる。ますます結果重視の志向が高まる帰結として、望むべき結果を導くための市場競争はより激化し、競争の敗者が脱落していくことから、社会全体としては似たようなビジネスモデルや経営スタイルの組織体ばかりが成長し、増大していくこととなる。現在、世界で注目を集めるGAFA（Google, Apple, Facebook, Amazon）と一括りに称される企業群がいずれもIT系プラットフォームビジネスをもとに巨額の収益を得ているのはその象徴的な現れといえるかもしれない。巨大企業が儲けを出す構造は、多様ではなくむしろ極めて類似化しているのである。

市場経済体制の原理下で、何の留意もなく「多様性」をただ希求したとしても、他方では皮肉にもこうした当初の意図や目的からは外れた、極めて近似した一様な世界が登場し、一部の〝勝ち組〞企業のみが幅を利かす帰結となってしまっている。由々しき事態であるが、こうした問題点については、少なくとも経営学における多様性の論議の中ではほとんど言及されることがない。

人工知能

ＡＩが経営やわれわれの生活世界に大きな革命をもたらしている。これまでも数回、ＡＩブームがあり、二〇一〇年代以降は第三次ＡＩブームであるといわれる。第一次ブーム・第二次ブームとの大きな違いは、何といっても、ＡＩが機械学習や深層学習を通じ、多種多様な情報を分類・整理し、従前とは比較にならないほどの精度で予測が可能になったことにあると喧伝されている。

ＡＩの進化に伴う経営革新とは、単純化していえば、こうしたＡＩの特性を活用しつつ、さまざまな状況における人間の活用状況をビッグデータとして認識し、イノベーションに繋げることである（遠山・村田・古賀 二〇二一）。通常のデータ管理・処理ソフトウエアで扱えないほどの巨大で複雑な、さまざまな種類・量のデータの集合体を総合して処理することにより、従前であれば不可能と考えられてきた、事象や状況に関する全数調査が可能になり、その趨勢の分析、将来予測が極めて高い精度で可能になった。実際、ＡＩによる機械学習と深層学習の発達は、データのパターン認識を可能とし、例えば企業の財務データから巧妙な不正を暴き出したり、医療現場でスキャン画像から癌の兆候をいち早く発見したりといった形で、飛躍的にわれわれの日常生活に役立てられている。

豊かで便利な生活が保障され、人間社会にとって明るい未来の到来を予測させるＡＩ革新ではあるが、ここにも陥穽があることを忘れてはならない。こうしたＡＩの技術的発達は、ビッグデータにより全数調査が可能になったことから、「過去の事例を参照すると、こういう結果が生じやすい」というパターンについては、確かに極めて高い精度での推測が可能となっている。しかしながら、現時点の技術的な発達水準においては、何ゆえにそういう結果が導出されたかという因果まで含めて推論することはできないとされる。あくまで、これまでの結果をすべて踏まえれば、このようになっていた（ケースが多い）、ということが示されるに過ぎないのであり、なぜを考えられないのが現時点のＡＩなのである。

人間がＡＩを全面的に信頼し、ＡＩのはじき出した結果を安易に活用しようとすれば、われわれはますますなぜを問い、自身の頭で考えることなくさまざまな判断をしてしまうことになりかねない。それに伴い、従前までとは異なった異質でユニークな発想や新規のアイデアの創出を、ＡＩが示唆していないことを理由に予め拒否してしまうような事態に陥ってしまうことも危惧される。われわれは知性でもって、こうした陥穽に落ちないよう細心の注意を払ったうえでＡＩを活用しなくてはならない。

グローバル化

今さら言わずもがなではあるが、昨今のグローバル化の進展には目を見張るものがある。一九八〇年代以降、日本企業でも折からの円高の影響もあり海外進出が一気に進み、「国際化」が進展していった。二一世紀に入り、ここ十数年ほどの間に、ＩＣＴやＡＩ等の技術革新も相俟っていちだんと「グローバル化」が加速し、年々そのスピードが速くなっている感がある。

ここで、一九八〇年代を国際化、今日をグローバル化という用語で敢えて区別したのは、両者の含意する内容が根本的に異なるためである。双方とも国を越えての活動を念頭に置いた概念ではあるが、国際化は文字通り国の際《きわ》を越えて活動することを意味している。国家という統一された一つの単位があり、その内部的には多少の異同はあれども体制や文化、制度などが共有されていて、国境により外部からは区別されているという暗黙の了解が、国際化という語には含意されている。国と国とは基本的に異なるものであり、したがって国境（これが「際」である）を越えた活動をする場合には自ずと限界があるし、国家間で慎重な話し合いや相互の調整が行われねばならないという大前提がそこにはある。いわば、全体を統一することはそもそも不可能であるという前提に立つのが国際化である。

それに対しグローバル化はむしろ逆である。まさに国境をなくしてしまって地球規模で統合し、国民国家を乗り越えて一つの大きな自由空間を作ろうというのがグローバル化という概念の基底にある基本的な発想法である。さまざまな文化的制約や地域間の共約不可能性を無くしてしまい、一つになった大きな空間の中で自由に競争しようという考え方がグローバル化であるといってよい。全世界的に、経済面でも文化面でもまさにボーダーレスに、ヒト・モノ・カネの自由な移動を実現させようという人類社会の動機がそこにある。

国際化とグローバル化のこうした異同に鑑みれば、われわれは今日のグローバル化が大いに進展した自由空間の中で活動するにあたり、新たな留意が必要となることが窺える。グローバル化の本質は、国の違いを無くしてしまい、新たにできた一つの空間の中で個人や企業が激しく競争し、順位づけを競うことになりかねないからである。グローバル競争の激化により、従前以上にますます勝者と敗者が明瞭になる。極論すれば、利益という単一の物差しで測定を可能にし、一位から順にランクを付してすべてを序列化しようという発想が、グローバル化に伴っていっそう強化される懸念がある。

グローバル化が進展すればするほど、各国や地域の個性や特徴、文化的な差異には目が向けられず、たとえ差異があったとしても無視され、一つの金銭的価値という尺度のもとに統合され、一つの世界へと収斂していくという事態が進んでいくことが推測される。まさに、本節冒頭にみた多様性の尊重という社会理念とは相容れない真逆の事態が進行しかねない。われわれは自身の知性を最大限に活用し、そうした事態を回避する工夫を真摯に考えなくてはならない。

四　これからの経営学へ向けて

市場化と科学化が急速に進展し、インターネット空間に氾濫する情報の渦の中に誰もが否応なく巻き込まれる現代社会にあって、われわれ人間は、一人ひとりが「知性人」として物事を大局的な視点から深く考え、直面する課題を解決していかなくてはならない。

前節で見た多様化やＡＩ革新、グローバル化といった現在進行しつつある経営革新の契機は、現代社会を斬るキーワードの一例に過ぎないが、われわれは今後どのようなタイプの課題に直面したとしても、表面的な課題の背後に潜む真の問題や全体の構図、大きな潮流にまで眼を向け、問題の解決を図っていけるようにならなくてはならない。そのためには、各自がそれぞれ学習や経験による知識を統合し、自身の五感を駆使しながら思考して、賢明な評価・判断が可能となる知性を備えた人間である必要がある。

このように、各自それぞれが知性を働かせ、社会のあるべき未来の姿を思い描き、自ら創造していくことのできる人間が、企業であれ他の組織体であれ、まさに今求められている新たな人間像であるといってよい。経営学の世界においても、科学的な分析手法の飛躍的進歩に伴い、全体を構成要素に分割して理解しようとする——そしてそのそれぞれの効率化と最適化を目指そうとする——思考様式がいまや極めて優勢になりつつある。しかし、学術研究としての経営学には、同時に理念や規範の追求もまた必要ではあるまいか。ある意味、科学で必須の分析思考とは逆行する統合的な思考、質的で倫理的な視点や人文学的知見が広く要請されることにはなるが、どのような社会を目指していくべきかという理念や規範性を追究していく視点を、これからの経営学に携わるわれわれは欠いてはならないであろう。(1)

(上林 憲雄)

注

(1) 現代経営学の抱える諸問題に関しては、本叢書第1巻『経営学の基礎』の第一章に掲載される上林(二〇二二)(五月刊)も併せて参照されたい。

参考文献

（原著を参照した邦訳文献は原則として「外国語文献」中の各文献の末尾に掲載している。）

外国語文献

Appelbaum, E., Bailey, T., Berg, P. and Kalleberg, A. L. (2000), *Manufacturing Advantage: Why High Performance Work Systems Pay Off*, Cornell University Press.

Argyris, C. (1957), *Personality and Organization: The Conflict between System and the Individual*, Harper.

Argyris, C. (1962), *Interpersonal Competence and Organizational Effectiveness*, Dorsey Press.

Baird, L. and Meshoulam, I. (1988), "Managing Two Fits of Strategic Human Resource Management," *Academy of Management Review*, Vol. 13, No. 1, pp. 116–128.

Barnard, C. I. (1938), *The Functions of the Executive*, Harvard University Press.（山本安次郎・田杉競・飯野春樹訳『新訳 経営者の役割』ダイヤモンド社、一九六八年。）

Barnard, C. I. (1950), "Skill, Knowledge, and Judgement," in Wolf, W. B. and Iino, H. (eds), *Philosophy for Managers: Selected Papers of Chester I. Barnard*, Bunshindo, 1986, pp. 129–137.（日本バーナード協会訳「技能、知識、判断」『経営者の哲学』文眞堂、一九八六年、一八六―二〇〇頁。）

Barney, B. J. (1991), "Firm Resource and Sustained Competitive Advantage," *Journal of Management*, Vol. 17, No. 1, pp. 99–120.

Becker, B. and Huselid, M. (2006), "Strategic Human Resource Management: Where Do We Go From Here?" *Journal of Management*, Vol. 32, No. 6, pp. 898–925.

Becker, S. G. (1975), *Human Capital: A Theoretical and Empirical Analysis, with Special Reference to Education*, 2nd edition, Columbia University Press.（佐野陽子訳『人的資本―教育を中心とした理論的・経験的分析―』東洋経済新報社、一九七六年。）

Bolinger, R. A., Klotz, C. A. and Leavitt, K. (2018), "Contributing from Inside the Outer Circle: The Identity-based Effects of Noncore Role Incumbents on Relational Coordination and Organizational Climate," *Academy of Management Review*, Vol. 43. No. 4, pp. 680-703.

Boxall, P. and Purcell, J. (2011) *Strategy and Human Resource Management: Management, Work and Organisations*, 3rd edition, Palgrave Macmillan.

Braverman, H. (1974), *Labor and Monopoly Capital*, Monthly Review Press.（富沢賢治訳『労働と独占資本』岩波書店、一九七八年。）

Carey, A. (1967), "The Hawthorne Studies: a Radical Criticism," *American Sociological Review*, Vol. 32, No. 3.

Datta, D. K., Guthrie, J. P. and Wright, P. M. (2005), "Human Resource Management and Labor Productivity: Does Industry Matter?" *Academy of Management Journal*, Vol. 48, No. 1, pp. 135-145.

Drucker, P. F. (1985, originally published in 1973), *Management: Tasks, Responsibilities, and Practices*, Collins Business.（上田惇生訳『マネジメント―課題・責任・実践―（上・中・下）』ダイヤモンド社、二〇〇八年。）

Drucker, P. F. (1986, originally published in 1954), *The Practice of Management*, Harper Business.（上田惇生訳『現代の経営（上・下）』ダイヤモンド社、二〇〇六年。）

Drucker, P. F. (1992a, originally published in 1946), *Concept of the Corporation*, Transaction Publishers.（上田惇生訳『企業とは何か』ダイヤモンド社、二〇〇八年。）

Drucker, P. F. (1992b), *The Ecological Vision*, Transaction Publishers.（上田惇生他訳『すでに起こった未来』ダイヤモンド社、一九九二年。）

Drucker, P. F. (1992c, originally published in 1969), *The Age of Discontinuity: Guidelines to Our Changing Society*, Routledge.（上田惇生訳『断絶の時代―いま起こっていることの本質―』ダイヤモンド社、一九九七年。）

Drucker, P. F. (1993a), *Post-Capitalist Society*, Harper Business.（上田惇生他訳『ポスト資本主義社会』ダイヤモンド社、一九九三年。）

Drucker, P. F. (1993b, originally published in 1954), *The Practice of Management*, NY, Harper Business.（上田惇生訳『[新訳] 現代の経営（上・下）』ダイヤモンド社、一九九六年。）

Drucker, P. F. (1994, originally published in 1979), *Adventures of a Bystander*, Transaction Publishers.（上田惇生訳『傍観者の時代』ダイヤモンド社、二〇〇八年。）

Drucker, P. F. (1995a, originally published in 1939), *The End of Economic Man*, Transaction Publishers.（上田惇生訳『「経済人」の終わり』ダイヤモンド社、二〇〇七年。）

Drucker, P. F. (1995b, originally published in 1942), *The Future of Industrial Man*, Transaction Publishers.（上田惇生訳『産業人の未来』ダイヤモンド社、二〇〇八年。）

Drucker, P. F. (1999), *Management Challenges for the 21st Century*, Harper Business.（上田惇生訳『明日を支配するもの』ダイヤモンド社、一九九九年。）

Drury, H. B. (1915), *Scientific Management: A History and Criticism*, New York, University of Columbia Press, in Wren, D. A. and Sasaki, Tsuneo (eds) (2002), *Intellectual Legacy of Management Theory*, London, Pickering & Chatto.

Franke, R. H. (1979), "The Hawthorne Experiments: Re-view," *American Sociological Review*, Vol. 44, No. 4.

Franke, R. H. and Kaul, J. D. (1978), "The Hawthorne Experiments: First Statistical Interpretation," *American Sociological Review*, Vol. 43, No. 5, pp. 623-643.

French, J. R. P., Jr. (1950), "Field Experiments: Changing Group Productivity," in Miller, J. G. (ed.), *Experiments in Social Process: A Symposium on Social Psychology*, New York: McGraw-Hill.

French, J. R. P., Jr. (1953), "Experiments in Field Setting," in Festinger, L. and Katz, D. (eds), *Research Methods in the Behavioral Sciences*, New York: The Dryden Press, pp. 98-135.

Gillespie, H. (1991), *Manufacturing Knowledge: a History of the Hawthorne Experiments*, Cambridge: Cambridge University Press.

Gutenberg, E. (1929), *Die Unternehmung als Gegenstand betriebswirtschaftlicher Theorie*, Berlin; Wien.（高橋慧訳『経営経済学の対象としての企業』法律文化社、一九七八年。）

Gutenberg, E. (1951), *Grundlagen der Betriebswirtschaftslehre*, Bd. I. Die Produktion, 1. Aufl., Berlin; Göttingen; Heidelberg.（溝口一雄・高田馨訳『経営経済学原理』第一巻「生産編」千倉書房、一九五七年。）

Gutenberg, E. (1955), *Grundlagen der Betriebswirtschaftslehre*, Bd. II. Der Absatz, 1.Aufl., Berlin; Göttingen; Heidelberg.（溝口一雄・高田馨訳『経営経済学原理』第二巻「販売編」千倉書房、一九五八年。）

Gutenberg, E. (1969), *Grundlagen der Betriebswirtschaftslehre*, Bd. III. Die Finanzen, 1.Aufl., Berlin; Heidelberg; New York.（溝口一雄・森昭夫・小野二郎訳『経営経済学原理』第三巻「財務編」千倉書房、一九七七年。）

Hewett, R., Shantz, A., Mundy, J. and Alfes, K. (2018), "Attribution Theories in Human Resource Management Research: A Review and Research Agenda," *International Journal of Human Resource Management*, Vol. 29, No. 1, pp. 87–126.

Jackson, S. E. and Schuler, R. S. (1995), "Understanding Human Resource Management in the Context of Organizations and Their Environments," *Annual Review of Psychology*, Vol. 46, pp. 237–264.

Kaufman, E. B. (2007), "The Development of HRM in Historical and International Perspective," in Boxall, P., Purcell, J. and Wright, P. (eds), *The Oxford Handbook of Human Resource Management*, Oxford University Press.

Lawler, E. E. (1986), *High-Involvement Management*, Jossey-Bass Publishers.

Layton, Edwin T., Jr. (1971), *The Revolt of Engineers: Social Responsibility and the American Engineering Profession*, Cleveland, Ohio, The Press of Case Western Reserve University.

Legge, K. (1995), *Human Resource Management: Rhetorics and Realities*, MacMillan Press.

Lepak, P. D. and Snell, A. S. (1999), "The Human Resource Architecture: Toward a Theory of Human Capital Allocation and Development," *Academy of Management*, Vol. 24, No. 1, pp. 31–48.

Lepak, P. D. and Snell, A. S. (2002), "Examining the Human Resource Architecture: The Relationships among Human Capital, Employment, and Human Resource Configurations," *Journal of Management*, Vol. 28, No. 4, pp. 517–543.

Likert, R. (1961), *New Patterns of Management*, McGraw-Hill.

Likert, R. (1967), *The Human Organization: Its Management and Value*, McGraw-Hill.（三隅二不二訳『組織の行動科学—ヒューマン・オーガニゼーションの管理と価値—』ダイヤモンド社、一九六八年。）

Loitlsberger, E. (1971), Metaökonomische Wertvorstellungen und Rechtsordnungen als Determinanten betriebswirtschaftlicher Theorie, in: *Wissenschaftsprogramm und Ausbildungsziele der Betriebswirtschaftslehre*, Hrsg., G. v. Kortzfleisch, Berlin.

Maslow, A. H. (1954), *Motivation and Personality*, Harper & Brothers.（小口忠彦訳『人間性の心理学—モチベーションとパーソナリティ—［改訂新版］』産能大出版部、一九八七年。）

McGregor, D. (1960), *The Human Side of Enterprise*, McGraw-Hill.（高橋達男訳『企業の人間的側面―統合と自己統制による経営―』産業能率大学出版部、一九七〇年。）

McGregor, D. (1966), *Leadership and Motivation: Essays of Douglas McGregor*, MIT Press.（高橋達男訳『リーダーシップ』産業能率大学出版部、一九六七年。）

Miles, E. R. (1965), "Human Relations or Human Resources?" *Harvard Business Review*, Vol. 43 (July-August), pp. 148-163.

Miller, J. G. (1955), "Toward a general theory for the behavioral sciences," *American Psychologist*, Vol. 10, No. 9, pp. 513-531.

Nicklisch, H. (1912), *Allgemeine kaufmännische Betriebslehre als Privatwirtschaftslehre des Handels (und der Industrie)*, Leipzig.

Nicklisch, H. (1920), *Der Weg aufwärts! Organisation*, Stuttgart.（鈴木辰治訳『組織 向上への道』未来社、一九七五年。）

Nicklisch, H. (1922), *Wirtschaftliche Betriebslehre*, 5. Aufl., Stuttgart.

Nicklisch, H. (1929/1932), *Die Betriebswirtschaft*, 7. Aufl., Stuttgart.

Pitcher, B. L. (1981), "The Hawthorne Experiments: Statistical Evidence for a Learning Hypothesis," *Social Forces*, Vol. 60, No. 1, pp. 133-149.

Ployhart, E. R., Nyberg, J. A., Reilly, G. and Maltarich, A. M. (2013), "Human Capital is Dead; Long Live Human Capital Resources!" *Journal of Management*, Vol. 40, No. 2, pp. 371-398.

Projektgruppe im WSI (Wirtschafts- und Sozialwissenschaftliches Institut) (1973), *Arbeitsorientierte Einzelwirtschaftslehre contra Kapitalorientierte Betriebswirtschaftslehre*, Nr.24. Köln.

Projektgruppe im WSI (1974), *Grundelemente einer Arbeitsorientierten Einzelwirtschaftslehre*, Nr.23. Köln.

Rieger, W. (1928), *Einführung in die Privatwirtschaftslehre*, Nürnberg.

Roethlisberger, F. J. (1941), *Management and Morale*, Cambridge (MA): Harvard University Press.（野田一夫・川村欣也訳『経営と勤労意欲』ダイヤモンド社、一九五四年。）

Roethlisberger, F. J. and Dickson, W. J. (1939), *Management and the Worker*, New York: John Wiley & Sons, 1964. Cambridge MA: Harvard University Press.

Schein, E. H. (1965), *Organizational Psychology*, Prentice-Hall.（松井賚夫訳『組織心理学』岩波書店、一九六六年。）

Schmalenbach, E. (1919a), Grundlagen dynamischer Bilanzlehre, in *ZfhF*, 13. Jg.

Schmalenbach, E. (1919b), Selbstkostenrechnung, in *ZfhF*, 13. Jg.

Schmalenbach, E. (1926), *Dynamische Bilanz*, 4. Aufl., Leipzig.

Schönpflug, F. (1933), *Das Methodenproblem in der Einzelwirtschaftslehre*, Stuttgart.（古林喜樂監修／大橋昭一・奥田幸助訳『シェーンプルーク 経営経済学』有斐閣、一九七〇年。）

Shlaifer, R. (1980), "The Relay Assembly Test Room: An Alternative Statistical Interpretation," *American Sociological Review*, Vol. 45, No. 6, pp. 995-1005.

Sommer, R. (1968), "Hawthorne Dogma," *Psychological Bulletin*, Vol. 70, No. 6, pp. 592-595.

Staehle, W. H. (1973), Plädoyer für die Einbeziehung normativer Aussagen in die Betriebswirtschaftslehre, in: *ZfbF*, 25. Jg. Nr. 3.

Staehle, W. H. (1975), Die Stellung des Menschen in neueren betriebswirtschaftlichen Theoriesystemen, in: *ZfB*, 45. Jg. Nr. 11.

Storey, J. (1992), *Developments in the Management of Human Resources*, Blackwell Publishers.

Takeuchi, R., Lepak, P. D., Wang, H. and Takeuchi, K. (2007), "An Empirical Examination of the Mechanisms Mediating between High-Performance Work Systems and the Performance of Japanese Organizations," *Journal of Applied Psychology*, Vol. 92, No. 4, pp. 1069-1083.

Taylor, F. W. (1903), "Shop Management," *Transactions of the American Society of Mechanical Engineers*, Vol. 24, p. 1337-1456; "Discussion on 'Shop Management'," *Transactions of the American Society of Mechanical Engineers*, Vol. 24, pp. 1456-1480.（上野陽一訳編『科学的管理法〈新版〉』産業能率短期大学出版部、一九六九年、四一—二二九頁。）

Taylor, F. W. (1911), *The Principles of Scientific Management*, New York and London, Harper & Brothers Publishers.（有賀裕子訳『新訳 科学的管理法』ダイヤモンド社、二〇〇九年。）

Thompson, C. B. (1917), *The Theory and Practice of Scientific Management*, Cambridge, Mass., Houghton Mifflin Company, The Riverside Press, in Wren, D. A. and Sasaki, Tsuneo (eds) (2002), *Intellectual Legacy of Management Theory*, London, Pickering & Chatto.

Truss, C., Mankin, D. and Kelliher, C. (2012), *Strategic Human Resource Management*, Oxford University Press.

Walton, R. (1985), "From Control to Commitment in the Workplace," *Harvard Business Review*, Vol. 63 (March-April), pp. 77-84.

Whitehead, T. N. (1934), "The Scientific Study of the Industrial Worker," *Harvard Business Review*, July.
Wright, M. P. and Gardner, M. T. (2003), "The Human Resource–Firm Performance Relationship: Methodological and Theoretical Challenges," in Holman, D., Wall, D. T., Clegg, W. C., Sparrow, P. and Howard, A. (eds), *The New Workplace: A Guide to the Human Impact of Modern Working Practices*, Wiley.
Wright, M. P. and McMahan, G. (1992), "Theoretical Perspective for Strategic Human Resource Management," *Journal of Management*, Vol. 18, No. 2, pp. 295–320.
Wright, M. P., McMahan, G. and McWilliams, A. (1994), "Human Resource and Sustained Competitive Advantage: A Resource-based Perspective," *International Journal of Human Resource Management*, Vol. 5, No. 2, pp. 301–326.

日本語文献

赤林英夫（二〇一二）、「人的資本理論」『日本労働研究雑誌』第五四巻、八―一一頁。

飯野春樹（一九七八）、『バーナード研究』文眞堂。

池内秀己（二〇一六）、「経営学史研究の興亡」経営学史学会編『経営学史研究の興亡』（経営学史学会年報二四輯）文眞堂、七―一八頁。

市原季一（一九五九）、『西独経営経済学』森山書店。

市原季一（一九八二）、『ニックリッシュ』同文舘出版。

犬田充（二〇〇一）、『行動科学―源流・展開・論理・受容・終焉―』中央経済社。

岩出博（一九八九）、『アメリカ労務管理論史』三嶺書房。

岩出博（一九九二）、「人的資源管理の形成」奥林康司・菊野一雄・石井脩二・平尾武久・岩出博『労務管理入門［増補版］』有斐閣。

大友立也（一九六九）、『アージリス研究』ダイヤモンド社。

大橋昭一（一九八六）、「第2次大戦後西独経営経済学の発展」海道進・大橋昭一編著『ドイツ経営学の展開』千倉書房。

岡田昌也（一九八〇）、「シュマーレンバッハ経営経済学の発展」岡田昌也・永田誠・吉田修『ドイツ経営学入門』有斐閣。

奥林康司・菊野一雄・石井脩二・平尾武久・岩出博（一九九二）、『労務管理入門［増補版］』有斐閣。

オトゥール・J著／岡井紀道訳（一九七五）、『労働にあすはあるか―〝疎外〟からの解放―』日本経済新聞社。

海道ノブチカ（二〇〇一）、『現代ドイツ経営学』森山書店。

河邉純（二〇一二）、「バーナードの協働論と公式組織論─人間はなぜ協働するのか、協働を成功に導く公式組織とは何か─」経営学史学会監修／藤井一弘編著『バーナード』（経営学史叢書Ⅵ）文眞堂、三三─七三頁。

上林憲雄（二〇一八）、「経営学とはどんな学問か」上林憲雄・奥林康司・團泰雄・開本浩矢・森田雅也・竹林明『経験から学ぶ経営学入門（第二版）』有斐閣、三六三─三八四頁。

上林憲雄（二〇二〇a）、「経営組織論を学ぶ視点」上林憲雄・庭本佳子編著『経営組織入門』文眞堂、二一五─二四四頁。

上林憲雄（二〇二〇b）、「日本労務学会への期待」『日本労務学会誌』第二〇巻第二号、二─一四頁。

上林憲雄（二〇二二）、「経営学に未来はあるか？」経営学史学会監修／片岡信之編著『経営学の基礎─学史から総合的統一理論を探る─』（経営学史叢書第Ⅱ期第1巻　原理性）文眞堂、第一章（五月刊）。

菊野一雄（一九九二）、「行動科学と労務管理」奥林康司・菊野一雄・石井脩二・平尾武久・岩出博『労務管理入門〔増補版〕』有斐閣。

菊野一雄（二〇〇九）、「アメリカにおける労務管理理念形成の再検討─Man Power という理念（労働者像）を中心として─」『跡見学園女子大学マネジメント学部紀要』第七号、三五─四六頁。

黒田兼一（一九八〇）、「アージリスの伝統的管理論批判に関する一考察」『経営論集』第二七巻三号、六三─八三頁。

経営学史学会編（二〇一二）、『経営学史事典〔第二版〕』文眞堂。

経営学史学会監修／中川誠士編著（二〇一二）、『テイラー』（経営学史叢書Ⅰ）文眞堂。

経営学史学会監修／吉原正彦編著（二〇一三）、『メイヨー＝レスリスバーガー─人間関係論─』（経営学史叢書Ⅲ）文眞堂。

島貫智行（二〇一八）、「日本企業における人事部門の企業内地位」『日本労働研究雑誌』第六〇巻、一五─二七頁。

シャイン・E・H著／松井賚夫訳（一九七二）、『組織心理学』岩波書店。

高橋公夫（二〇二二）、『経営学史と現代─新たな〈断絶の時代〉─』文眞堂。

田中和雄（二〇一六）、「アメリカにおける「職務」概念と人事管理」『専修ビジネス・レビュー』第一一巻第一号、三九─四九頁。

田中照純（一九九八）、『経営学の方法と歴史』ミネルヴァ書房。

田中靖政（一九六九）、『行動科学─情報時代の人間科学─』筑摩書房。

蔡芒錫（一九九八）、「人的資源管理論のフロンティア─戦略的人的資源管理論（ＳＨＲＭ）─」『組織科学』第三一巻第四号、七九─九二頁。

ツヴァイク・S著／原田義人訳（一九九九）、『昨日の世界Ⅰ』みすず書房。

辻村宏和（二〇一三）、「その後の人間関係論」経営学史学会監修／吉原正彦編著『メイヨー＝レスリスバーガー―人間関係論―』（経営学史叢書Ⅲ）文眞堂。

遠山曉・村田潔・古賀広志（二〇二一）、『現代経営情報論』有斐閣。

西村剛（二〇〇二）、「ニックリッシュ経営経済学における研究対象の変遷―『企業概念』と『経営概念』について―」奈良産業大学『産業と経済』第一七巻第四号。

庭本佳和（一九九一）、「組織と知識―バーナードの知識論―」『大阪商業大学論集』九〇号、一二一―一四一頁。

庭本佳和（二〇〇六）、『バーナード経営学の展開―意味と生命を求めて―』文眞堂。

庭本佳和（二〇〇八）、「バーナードの方法再論(2)―人間関係論とバーナード理論の方法的検討―」『甲南経営研究』第四八巻四号、六九―一一六頁。

庭本佳和（二〇一二）、「組織過程と労務・人事過程―HRM（人的資源管理）の展開―」『甲南会計研究』第六巻、一一―三七頁。

バーク・E著／中野好之訳（二〇〇〇）、『フランス革命についての省察（上・下）』岩波書店。

バジョット・W著／宇野弘蔵訳（一九四一）、『ロンバード街』岩波書店。

バジョット・W著／辻清明編（一九七〇）、『イギリス憲政論』中央公論社。

馬場敬治（一九三四）、『経営学の基礎的諸問題』日本評論社。

馬場敬治（一九五四）、『経営学と人間組織の問題』有斐閣。

廣瀬幹好（二〇一二）、「テイラーのマネジメント思想」経営学史学会監修／中川誠士編著『テイラー』（経営学史叢書Ⅰ）文眞堂。

廣瀬幹好（二〇一九）、『フレデリック・テイラーとマネジメント思想』関西大学出版部。

二村敏子（一九八二）、「人間資源アプローチ」『組織の中の人間行動』有斐閣。

二村敏子（二〇〇四）、「モチベーションの内容論」『現代ミクロ組織論』有斐閣。

ベレルソン・B著／佐々木徹郎訳（一九六二）、『行動科学入門』誠心書房。

ベンサム・J著／山下重一訳（一九六七）、『道徳及び立法の諸原理序説』中央公論社。

マズロー・A・H著／金井壽宏監訳（二〇〇一）、『完全なる経営』日本経済新聞出版社。

三島斉紀（二〇一五）、『マズロー理論序説―『自己実現』概念とその経営学的意義―』まほろば書房。

三戸公（一九七七）、『人間の学としての経営学』産業能率短期大学出版部。

三戸公（二〇〇〇）、『科学的管理の未来』未来社。

三戸公（二〇〇四）、「人的資源管理論の位相」『立教経済学研究』五八巻一号、一九―三四頁。

南博（一九七六）、『行動理論史』岩波書店。

三輪卓己（二〇一五）、『知識労働者の人的資源管理―企業への定着・相互作用・キャリア発達―』中央経済社。

藻利重隆（一九六五）、『経営管理総論（第二新訂版）』千倉書房。

守島基博（二〇一〇）、「社会科学としての人材マネジメント論へ向けて」『日本労働研究雑誌』六〇〇号、六九―七四頁。

森哲彦（二〇〇一）、「経営学方法論の歴史」深山明・海道ノブチカ編著『経営学の歴史』中央経済社。

森哲彦（二〇〇三）、『ドイツ経営経済学』千倉書房。

山下剛（二〇一九）、『マズローと経営学』文眞堂。

吉田和夫（一九八二）、『ドイツ経営経済学』森山書店。

吉田和夫（一九九一）、「日独比較経営学」大橋昭一編著『現代のドイツ経営学』税務経理協会。

吉原正彦（二〇〇六）、『経営学の新紀元を拓いた思想家たち』文眞堂。

レン・D著／佐々木恒男監訳（二〇〇四）、『マネジメント思想の進化』文眞堂。

渡辺峻（二〇〇七）、『「組織と個人」のマネジメント―新しい働き方・働かせ方の探究―』中央経済社。

経営学史叢書第Ⅱ期　第3巻　人間性

『人間と経営』執筆者

上林　憲雄（神戸大学　経営学史学会理事　巻責任編集者
　まえがき・第一章・結章）
廣瀬　幹好（関西大学名誉教授　経営学史学会会員　第二章）
竹林　浩志（和歌山大学　経営学史学会会員　第三章）
庭本　佳子（神戸大学　経営学史学会会員　第四章）
井坂　康志（ものつくり大学特別客員教授　経営学史学会会員
　第五章）
高橋　哲也（東京富士大学　経営学史学会会員　第六章）
森谷　周一（関西学院大学　経営学史学会会員　第七章）
西村　　剛（尾道市立大学　経営学史学会会員　第八章）

経営学史叢書第Ⅱ期　第3巻　人間性

人間と経営
―私たちはどこへ向かうのか―

令和三年一二月三一日　第一版第一刷発行

検印省略

経営学史学会監修

編著者　上　林　憲　雄

発行者　前　野　　隆

東京都新宿区早稲田鶴巻町五三三

発行所　株式会社　文　眞　堂

電　話　〇三―三二〇二―八四八〇
ＦＡＸ　〇三―三二〇三―二六三八
〒一六二―〇〇四一
振　替　〇〇一二〇―二―九六四三七

製作・モリモト印刷

http://www.bunshin-do.co.jp/

ISBN978-4-8309-5154-1　C3034

経営学史学会監修『経営学史叢書第Ⅱ期』全7巻

第1巻　原理性『経営学の基礎——学史から総合的統一理論を探る——』
第2巻　生産性『生産性のマネジメント——付加価値向上への進化——』
第3巻　人間性『人間と経営——私たちはどこへ向かうのか——』
第4巻　合理性『合理性から読み解く経営学』
第5巻　戦略性『学史から学ぶ経営戦略』
第6巻　社会性『社会の中の企業』
第7巻　創造性『創造する経営学』

経営学史学会監修『経営学史叢書』全14巻

第Ⅰ巻『テイラー』
第Ⅱ巻『ファヨール』
第Ⅲ巻『メイヨー＝レスリスバーガー』
第Ⅳ巻『フォレット』
第Ⅴ巻『バーリ＝ミーンズ』
第Ⅵ巻『バーナード』
第Ⅶ巻『サイモン』
第Ⅷ巻『ウッドワード』
第Ⅸ巻『アンソフ』
第Ⅹ巻『ドラッカー』
第Ⅺ巻『ニックリッシュ』
第Ⅻ巻『グーテンベルク』
第XIII巻『日本の経営学説　Ⅰ』
第XIV巻『日本の経営学説　Ⅱ』